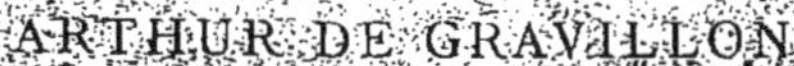

ARTHUR DE GRAVILLON

A PROPOS DE BOTTES

AVEC

Une Eau-forte et 85 Croquis à la plume par l'Auteur

2me ÉDITION

PARIS
ACHILLE FAURE, LIBRAIRE-ÉDITEUR
23, BOULEVARD SAINT-MARTIN, 23

1865

A PROPOS DE BOTTES

Seront réputés contrefaits les exemplaires non revêtus de ma botte.

2563. — *Paris.* — *Imp.* Poupart-Davyl et Cie, rue du Bac, 30.

DÉDICACE AU SOLEIL

[illegible]

[illegible] DE BOTTES

ARTHUR DE GRAVILLON

A PROPOS DE BOTTES

AVEC

Une Eau-forte et 85 Croquis à la plume par l'Auteur

PARIS
ACHILLE FAURE, LIBRAIRE-EDITEUR
23, BOULEVARD SAINT-MARTIN, 23

1865

A PROPOS DE BOTTES

I

Quel excellent titre, — bien que proverbialement vulgaire, — si je voulais m'en servir comme de passe-port ou de port-d'arme pour battre la campagne en votre compagnie, lecteur de bonne volonté qui ouvrez ce livre prêt à suivre à l'abandon un chasseur imaginaire ou un touriste sentimental !

A propos de bottes !

Ne semble-t-il pas que je vais, ainsi chaussé, vous entraîner sur l'heure, par monts et par vaux, dans les lointains domaines de la fantaisie et vous exposer, — hors de tout propos, — aux hasards d'un voyage en zigzag, tantôt à pied avec les bottes de sept lieues du petit Poucet, tantôt sur monture fantastique avec la Folie en croupe et ses grelots en collier? — Dieu nous garde d'une semblable divagation !

Permis sans doute de digresser et de prendre tel ou tel détour de la route ; auparavant faut-il savoir où l'on va quand on part, et où l'on abordera lorsqu'on s'embarque. Ce monde est grand ; on s'égare dans ses bois; on se noie dans ses ondes. Encore n'est-il rien, — sous le soleil, — comparé à celui où, — en dessus de la lune, — vagabonde l'esprit.

C'est pourquoi, vous rattrapant vite par le pan de votre manteau, et tournant bride à toute illusion, je vous ramène brusquement au vrai sens de mon intitulé ; et dussiez-vous tomber de haut, je vous invite, vous voyant venir, à prendre sans façon mes bottes pour ce qu'elles sont réellement, au pied de la lettre et à la lettre ou mesure de votre pied, — à supposer toutefois que ma forme vous convienne. Il ne s'agit point, en effet, de bottes chimériques ou figurées, mais de celles que m'a bel et bien livrées, ce matin même, au saut du lit, mon cordonnier, habile faiseur entre tous, et dont je voudrais, si ce n'était réclame, crier le nom des pavés aux toits, à corps perdu.

Il est cependant, je l'avoue, quelque chose d'étrange dans la rêverie où je me suis trouvé plongé, à peine éveillé, dans les ombres de mon alcôve, aussitôt après l'enfilement de ma première botte, — droite ou gauche? — je ne sais. — Toujours est-il que des deux mains je tenais l'autre ballante et suspendue par ses tirants, tout entier courbé et levant déjà ma jambe demi-nue pour l'introduction finale... Alors!...

Vision de Mahomet, tu ne fus pas plus merveilleuse et pas mieux condensée dans le court intervalle de temps et d'espace séparant la coupe et les lèvres du Prophète, et qui lui suffit pourtant, avant boire, à la complète révélation du Coran ! — Moi, tout de même, dans le simple mouvement que je

fis, pied en l'air et tête penchée sur ma seconde botte, bâillant noire comme un puits de l'abîme, et durant la minute, grosse d'éternité, qui s'écoula entre mon double coup de raffermissement et de redressement sur mes chausses, je vis, je vois encore, — non point le ciel ouvert, — mais la terre étendue derrière moi, devant moi et partout des pas, des pas, des pas! . . . .

. . . .

. . . .

Traces confuses, fugitives empreintes, pressions légères d'une foule innombrable courant sa vie à la surface du globe!

Et chacun de ces pas multipliés, entre-croisés les uns sur les autres comme les mailles d'un tissu, m'était une page d'histoire déchiffrable au seul regard. Il y en avait de joyeux et de lamentables, de sublimes et d'infâmes, d'obscurs et d'éclatants...

Tout au travers je reconnus les miens, ainsi que l'on surprend son ombre flottant en lambeaux sur les murs ; et considérant philosophiquement ce qui reste de nous par les chemins où nous passons, entre un rayon de soleil et une goutte de pluie, — je ris, je pleure du même œil, — *à propos de bottes*...

II

Mais je parie cent contre un qu'en cédant, comme je vais le faire aujourd'hui, au besoin de noter pour mémoire les principales perspectives de mon ravissement de ce matin, je trouverai tout au plus m'approuvant un fol esprit contre cent imbéciles sérieux !

Ce serait la proportion exactement opposée si, au lieu de saisir mon sujet par les pieds, naturellement, et comme il s'est présenté dès mon lever, j'avais tiré à quatre épingles, par les cheveux, pédagogiquement, et comme il s'en offre au choix dans mes dictionnaires, n'importe quelle thèse ressassée ou quel motif épuisé, jusqu'à charger d'un gros volume de plus le dos des bêtes de *somme* qui sont censées porter le bagage de la postérité!

Car, pour beaucoup, il est certain qu'un livre n'a aucun poids s'il n'est lourd et nulle profondeur s'il n'est creux. Qu'est-ce que l'on peut espérer raisonnablement, je vous le demande, de grave ou de respectable, d'un homme qui n'est point chauve et à qui le ventre manque absolument? De même pour les œuvres, leur siége souverain d'autorité c'est toujours l'ennui où elles enfoncent. Voulez-vous triompher? Assommez, assommez sans pitié; les sots courbent d'avance leurs têtes carrées et beuglent à l'envi l'immortalité de qui leur sait seulement attacher les cornes.

Ce n'est pas là mon affaire. Je donnerais plutôt ma langue aux chats que ma pensée toute mâchée aux stupides. Me comprenne donc qui pourra, je n'écris que par boutades, — par ruades (si vous tenez à me classer, moi aussi, dans une des catégories de l'immense troupeau); mais botté de neuf, je vous en avertis, et quels que puissent être mes revers, n'oubliez pas que j'ai un talon! — Pour m'enfuir? — Non; pour écraser les cafards, s'il s'en glissait ici.

III

A quoi bon, cependant, m'être de la sorte équipé ? Mieux encore, — « Pourquoi se lever ? » — demandait Thompson. — Je n'en vois pas la nécessité — « O jour ! pourquoi te lèves-tu, toi-même qui ne dois rien réaliser de mes désirs ? » — s'écrie quelqu'un du théâtre de Shakespeare. Vraiment je commence à me lasser de cette obligation banale et continuelle où nous sommes tous de nous remettre en mouvement à chaque tour de roue de la terrestre machine : ne croirait-on pas, à notre hâte au-devant de l'aurore, que c'est nous qui traînons la charrette ? Pas même : nous la remplissons comme la paille ou le fumier, et bien que l'invisible conducteur fasse de temps à autre claquer son fouet de tonnerre à la croupe des nuées, il s'embarrasse si peu de nos chétives et débordantes personnes que, dans le courant rapide du transport, par milliers, il en est d'entre nous qui restent accrochés aux buissons ou gisants aux ornières. Puis, le soir venu, ce qui subsiste, cahoté, ballotté sur les rocs, est régulièrement renversé dans les fondrières de la nuit !

Quant à moi, j'en ai assez de l'aventure ; je la

trouve monotone, sinon mauvaise. Tous les jours se suivant et se ressemblant, — en dépit de l'adage, — et par le plus vilain côté de leurs faces, je devine ce qui m'attend de meilleur au pire de ce qui m'accable. A qui espère c'est toujours attrape ; à qui oublie ce n'est jamais surprise. Nul risque qu'un soudain bonheur inonde la vie et le cœur de l'adjugé malheureux. Il n'y a de révolution et de changement à vue que pour ceux qui jouissent d'un ordre de choses quelconque. La paix demeure aux autres, la paix des ruines et des solitudes ; — et c'est encore l'unique part ou profit que de la savoir recueillir comme une rosée de larmes dans le calice abaissé de la résignation !

Mais où vais-je tristement m'enfoncer et sur quelle herbe de malheur ai-je pu marcher ce matin ? Herbe des souvenirs sans doute, puisque je n'ai fait qu'une enjambée de ma descente de lit à mon tapis de travail.

Au dehors, il pleut à verse, avec trépignements d'orage contre mes vitres assombries. Je ne sortirai même pas de la chambre, je ne quitterai point, avant d'avoir passé en revue toutes mes réflexions, la place miraculeuse où, frappant du pied, une nouvelle lumière m'a jailli soudain jusqu'au front.

Que le monde se rende sans moi à sa journée ;

je fais halte, à l'écart, sur les bords de mon écritoire, résolu de m'y noyer tranquillement plutôt que de m'exposer aux tempêtes du déluge extérieur.

IV

Et me retournant du haut de mes bottes et de mes années, je regarde là-bas, au plus loin, le point presque imperceptible de mon issue du néant à l'être. Guère plus grand moi-même qu'une botte, à un an, je me retrouve essayant, au hasard de mes forces, les premiers pas tremblants ; une *bonne* au blanc tablier me retient par un ruban de ceinture et je trottine devant elle, tendant les bras avec des cris et des rires à tout ce qui m'émeut d'inconnu ou d'enchanteur. Je veux grimper sur ce qui domine, je veux toucher à ce qui brille; vainement! L'âme impatiente se débat dans le corps à peine formé; elle vole tandis qu'il chancelle, et déjà tout l'élan de la vie se révèle et s'enroule dans une culbute!...

On me relève : une tape et un baiser me rendent l'équilibre! Puis je continue d'errer de côtés et d'autres, hochant et trébuchant, serré de plus

près par ma bonne, qui derrière moi, pas à pas, me suit, souriante et vigilante : — doux visage alors, — pauvre vieille à présent!

Ah! que n'ai-je eu toujours ainsi une femme aimable ou aimée pour me conduire en lisière ou me tirer au pan de sa robe le long de mon sentier!

Bien trop tôt on m'a lâché seul, et j'ai perdu à la fois tout entrain et tout soutien; et je n'ai fait que ramper à quatre pattes sous les bancs du collége, comme sur le seuil de la maison natale!... Lorsqu'enfin *une autre*, belle autant que bonne, est venue me renouer au flanc le lien de sa tendresse: aussitôt j'ai marché!

Serait-il donc possible de se tenir debout et d'avancer autrement — sans l'amour — ombre ou lumière projetée sur l'enfant ou allumée devant l'homme! Marcher, ce n'est qu'aimer, et chaque existence se mesure moins aux pas qu'on y fait qu'aux battements de cœur qu'on y compte; nous n'en avons, dit-on, qu'une certaine quantité à vivre... Eh! qu'importe! est-ce là une raison de nous coucher à côté, crainte du terme, ou de nous replier dans l'égoïsme, peur de la dépense? La semelle qui se traîne ne s'use-t-elle pas, après tout, comme celle qui court? Et n'est-on pas toujours obligé d'aller... ne fût-ce qu'en quête de la quotidienne subsistance, pressé par l'aiguille des heures et piqué par l'aiguillon de la faim?

Mais il est des temps d'arrêt douloureusement

excusables pour celui qui n'a plus ou n'a pas encore de chaussures, — et combien est-il plus facile de la trouver juste à son pied que suffisante à son cœur !

V

Heureux âge où l'on ne s'occupe encore ni de son amour ni de son soulier! quand la main qui nous chausse est aussi celle qui nous caresse, et que, se laissant faire, assis entre les genoux d'une mère, on est certain de monter ensuite, éperonné et d'un bond, dans ses bras!

Je ne sais rien qui symbolise plus gracieusement

le naïf bonheur de l'enfance et résume, par réciproque, plus intimement toutes les joies maternelles qu'un petit soulier.

Ramassez celui-là que vient de lâcher, tiède encore, quelque bambin de passage, et considérez-le un instant avec moi, chère lectrice.

D'abord que vous le tenez vous vous sentez, j'en réponds, doucement palpiter comme si, toujours avançant, il appuyait sa pointe en vous-même sur quelque mystérieux ressort : jeune fille ou jeune mère, l'enchantement diffère peu ; à la vue de ce petit soulier vide, vous n'avez toutes qu'une idée et qu'une image, l'image de ce qui le remplissait et l'idée de ce qu'il peut contenir. En attendant, c'est déjà l'écrin où vous enfermez votre plus beau rêve, le sachet où vos désirs se concentrent comme des parfums !

Vous le tournez et le retournez en tous sens, moitié plaisantant, moitié attendrie : si comique en est le pli ou la gaufrure ! si gentille en est l'entrée ou la cambrure ! Jeux, ébats, gambades, audaces et faiblesses, luttes et lutineries, fuites et retours, adorables révoltes, recours en grâce de jour et de nuit aux diverses assistances de la maternité, il y a là tout un poëme d'avénement à la vie, écrit en feuillets serrés et reliés au pourtour de ce cuir capricieusement écorné ! Vous le savez par cœur et vous le répétez mieux que moi à livre ouvert. Inutile que ce mince cordonnet, tout à l'heure bouclé sur une cheville ronde, flotte maintenant entre vos doigts comme un sinet de rappel ; vous n'avez pas besoin, pour achever, de vous y reprendre à deux fois. Ne vous voilà-t-il pas réclamant déjà le second tome et attirant à vous, sans plus m'écouter, le bébé charmant qui vous l'apporte, emboîté d'un pied, tout en boitant de l'autre !

Mais, exaltée par cette attachante lecture, vous n'y résistez plus et, — petit soulier d'une main, petit enfant d'un bras, — vous enlevez le tout d'un trait jusqu'à vos lèvres !

O soulier mignon ! comme tu fais honte et donnes regret à mes lourdes bottes, et qu'il est temps que je me sauve avec mes in-folio pour échapper à la comparaison !

VI

Ce sont précisément les nombreux intermédiaires

d'un pareil contraste que je parcours de la pensée et du pouce, comme si j'avais là, rangée sur des rayons de bibliothèque, et sous mille formats différents, la collection complète des chaussures humaines.

Je ne m'arrêterai point cependant aux œuvres par trop élémentaires, aux éditions par trop courantes que foulent d'un pied distrait les enfants et les écoliers. Tous ces pas perpétuels et préparatoires du mioche ou du gamin n'ont d'ailleurs, à leur aboutissant, qu'une même signification : le développement de l'individu. Ils sont pour être, ils vont pour aller. — Où ? — Qui court le plus fort ne saurait le dire lui-même. Le but est encore caché, enveloppé dans les brumes de l'aube, et les nouveaux arrivés à la vie, bien que se ruant d'instinct du côté où la lumière monte, sont encore éblouis, aveuglés, incapables de distinguer à l'horizon, avant l'éclat de la deuxième heure, ce petit point noir ou blanc, — ambition ou amour, — qui est le point de mire de tous au réveil du désir.

A, B, C, D... Voyez-vous l'enfant qui titube en cheminant?

Ba, Be, Bi, Bo, Bu... Le voyez-vous qui épèle et précipite sa marche?

J'aime maman... Regardez : le voici, lisant couramment, qui bondit d'un bout de la chambre à l'autre!

L'histoire ancienne de chacun est en abrégé dans cette leçon progressive de notre avancement sur la terre. Mais alors même que nous apprenons à marcher, à courir, à voler, ce dont nous nous soucions le moins, c'est d'atteindre, de saisir, d'embrasser un objet déterminé dans l'avenir, — champ sans borne, non sans fossé, de notre divine projection !

A cheval sur un genou complaisant, tous nous avons été balancés, comme les *dames*... au pas, au pas ! comme les *messieurs*, au trot, au trot ! et avec les postillons, au galop, au galop, au galop ! Or, lequel s'est avisé de demander une fois où pouvaient aller ainsi les dames, les messieurs et les postillons ?... Ah ! qu'ils aillent où bon leur plaît ! Est-ce que le vrai, le seul plaisir en toute chose n'est point de partir plutôt que d'arriver ? — de donner plutôt que de recevoir ? — d'espérer plutôt que de jouir ?

A l'avenant se succèdent les années de la jeunesse : le tambour bat, la cloche tinte, les jours s'entre-coupent d'immobilités forcées devant les pupitres de la classe et de libres efforts sur les terrasses et dans les cours. On se presse, on se pousse, on y va de toute son âme et de toutes ses jambes : universelle loi des gravitations vers l'inconnu !

Parfois aussi, se choquant les uns les autres, ou se heurtant aux racines et aux cailloux, l'on tombe... Bon marché des chutes enfantines ! quittance en est immédiatement donnée, sur mouchoir , avec signature parafée d'une entorse au pied, d'une bosse au front ou d'un saignement de nez.

VII

Plus tard on paye plus cher, — et sans même qu'il y ait chute, — les conséquences d'un premier pas, réfléchi et voulu. Il n'y a que celui-là qui coûte, prétend-on chez nous; en Chine, la sagesse de cette nation affirme, au contraire, que le dernier vaut à lui seul les précédents.

Tout bien pesé, je crois m'apercevoir que la balance de ces deux opinions contradictoires oscille alternativement suivant ce que chacun y ajoute ou en retire secrètement de son propre chef. A quoi bon, dès lors, jeter tout haut des mots dans des plateaux divergents si, tout bas, on les surcharge de significations arbitraires? De grâce, messieurs, — Français qui avez raison et Chinois qui n'avez pas tort, — battez-vous, mais ne vous disputez pas : vous pouvez vous tuer avant de vous entendre. Auparavant encore, souffrez que je tente un pas de conciliation du premier au dernier aphorisme.

Pour ce, je m'arme d'un levier, — plus utile ici qu'une balance, — soit qu'il puisse à la rigueur figurer un trait d'union, soit qu'il serve au besoin à soulever la dalle dont la Vérité se ferme habituellement dans son puits, — et je vous prie de distinguer sur cet instrument même, mis en activité d'usage, entre l'effort et l'obstacle, la *puissance* et la *résistance*, c'est-à-dire entre la force qui appuie à l'un des bouts et le fardeau qui s'oppose à l'autre : toute la théorie des pas s'enlève ainsi, bâton au poing, suspendue à deux extrémités différentes. Si vous ne considérez, en effet, que l'effort qui oblige l'homme en toute entreprise à sortir de sa paresse naturelle, — oui, c'est ce premier pas qui coûte ; si vous envisagez l'obstacle restant à vaincre pour achever l'œuvre commencée, — assurément c'est le dernier qui l'emporte.

Donc, selon qu'il s'agit de décider ou de persévérer, de fonder ou de terminer, le pas difficile est tantôt au bas de l'échelle et tantôt au sommet. Ce qui revient à dire que les deux maximes de l'Orient ou de l'Occident sont également applicables : — là comme ailleurs, tout dépend du côté où l'on appuie l'échelle.

Mais puisque échelle il y a, j'en profite pour redescendre des hauteurs périlleuses de la métaphysique, mes bottes, comme celles du chat de nos contes, n'étant pas faites à courir sur pareilles tuiles. Gare dessous! ce chapitre m'échappe du pied !

VIII

Encore un de la même brique et fabrique qui suit le précédent sans que je puisse le retenir !

Mais, dès ce premier pas de la destinée, tant se fourvoient sans le savoir que je puis bien, jetant ma pierre aux plus fins, les défier de démêler où ils en sont et de découvrir où ils vont eux-mêmes !

Comment s'orienter ? quel phare visible, quel pôle sensible consulter au long cours de l'existence pour s'assurer qu'on a bien pris la voie personnelle qu'il fallait!

En général, quoi détermine notre carrière? — Un hasard, un rêve ou — une nécessité. A un fil vertical tient le fuseau tournant de notre vie. Sur un autre fil horizontal glisse, dans la main des heures, notre bague d'alliance avec le sort! et c'est souvent d'une seule passe que nous sommes engagés dans la ronde fatale, haletant jusqu'à la fin pour ressaisir l'anneau, — çà et là montré, — à chaque tour disparu!

Et comme on le franchit à la légère, ce premier pas qui commande tous les autres! Petit ruisseau du Rubicon, en traversant les cœurs, tu coules avec un si faible murmure, — murmure de dissuasion ou d'approbation, — qu'on ne t'entend ni te considère lorsqu'on se lance sur un de ces milliers de chemins qui, avant de mener à Rome, conduisent quelquefois au désert!... Mais en pleine royauté de jeunesse, avec chance de conquête devant soi et une armée de désirs pour soi, qu'est la rencontre du ruisseau-pressentiment sur le passage du torrent-passion?

Hélas! le torrent creuse son lit du même jet, et dans ce lit tel qu'il est fait nous coulons et nous nous couchons selon notre pente et notre poids, sans pouvoir jamais, comme le Jourdain, remonter à la source et revenir sur le premier pas!

N'est-ce point ce qui rend notre flot intérieur

profondément mélancolique? Qui est sûr, dans son ravin, d'avoir pris la bonne direction, et qui ne voudrait tenter, au mieux, le contour des vallées environnantes? — Impossible! la montagne est là, la mer est là-bas : — marche et meurs!

IX

Suis-je assez sérieux — et ennuyeux — avec mes dissertations à perte de vue sur l'importante gravité d'un premier pas? Certes, je ne me relirais moi-même pour un empire ; aussi bien je ne saurais vous en vouloir, à vous, lecteurs agiles, qui avez pris l'avant, évitant adroitement de recevoir sur la tête mes tuiles transcendantales.

Quant à vous autres, patients, qui m'avez suivi pas à pas, coiffés de mes doctrines, tant pis, — tant mieux peut-être : à l'avenir respecterez-vous mes bottes et les saluerez-vous de prime abord, les sachant capables de gravir sans s'éculer aux cimes chenues de la scolastique.

Tous, maintenant, resserrez vos rangs autour de moi, et, selon l'expression biblique, faites silence et prêtez l'oreille... Écoutez !

Quels sont ces pas lointains dont la faible annonce se répercute tumultueusement en moi-même? D'abord je les devine plus que je ne les entends; mais, à mesure qu'ils s'accentuent, sonores et réels, étourdi que je suis par tout le fracas qui se fait dans mon âme, je doute, je tremble d'être abusé; je retiens mon souffle et j'étouffe mon bonheur pour m'assurer, timide encore, de leur ascension jusqu'à moi.

Oh! ce sont bien eux, petits et pressés, harmonieusement noyés dans un remous de soie! — Ils montent, ils montent!—Déjà je distingue le rhythme régulier de leur mouvement et je perçois la note musicale de leur cadence!

Est-ce que jamais ma pendule, elle aussi, avait frappé ses secondes comme dans cette minute solennelle d'une muette attente? On dirait trois palpitations qui s'accélèrent au-devant les unes des autres, celle du temps, celle de mon cœur et celle de *ses* pas, — pour sonner ensemble l'angélus matinal de l'amour !

Viens, viens, que je te hisse au plus haut de ma tour, cloche folle de mes songes ; et remplissant les cieux de notre branle infatigable, carillonnons la fête à doubles et triples — baisers !

Nenni ! — vous ne verrez rien ; vous ne connaîtrez point cette belle amoureuse si impatiemment attendue et plus ardemment accueillie. — Elle-même sait trop bien et trop vite où se cacher en arrivant ; elle est le petit oiseau apprivoisé qui se dérobe aussitôt dans le creux du cœur ou de la main !

Mais ne pourriez-vous donc tous, comme moi, en faire envoler à vous au moins un, du fond des bois du passé? N'avez-vous point encore, dans l'oreille et dans le souvenir, attentivement inclinés là-bas, le cri d'un oiseau de printemps, le bruit d'un pas d'amante, dont la mémoire vous est restée vive et chère?

Bruit ou cri ne sont qu'un même chant lorsqu'on se les rappelle!... Pas ou paroles de celle qui nous visita d'amour retentissent également dans l'écho des années, et, malgré les distances et les séparations, l'on conserve toujours sous les secousses récentes le secret ébranlement du pied qui revenait et de la voix qui s'en allait!

X

Ici, voilons-nous la face, ou bien tirons le rideau devant nos vieux souliers !

En vérité, je n'ose regarder et m'appesantir à ce délicat préambule des passions, et cependant, pour une femme qui a pu faire d'elle-même un pas vers nous, combien en avons-nous, inutilement ou honteusement, précipité (de ces pas !) à l'avance ou à la recherche de l'amour ! On compterait plus facilement les feuilles des forêts que les tournées de chacun en guet ou en quête de la créature secrètement ou publiquement convoitée.

Dites-moi en confession, vous, le plus vénérable de mes lecteurs, combien de fois vous avez pêché, — en eau trouble, — je m'explique ; — combien de fois vous avez joué votre temps et vos forces aux courses et embuscades de cette grande *chasse à*

cœurs, où, durant que l'on aboie sur une piste, Cupidon qui mène en laisse tire à tort et à travers, bandeau sur les yeux, toutes les flèches de son carquois. Que de retours et de détours, de promenades et de parades, de pas manqués ou de faux pas, pour ne rien lever à l'ordinaire que des corneilles ou des pies! Et lors même qu'un gibier valable se trouvait saisi et rapporté par vous entre vos dents grinçant de plaisir, ne suffisait-il point d'un tout petit coup sur le museau pour vous faire lâcher prise? coup de

badine d'une désillusion, voire même coup d'éventail d'une vilaine main! Et puis, — à une autre!

Sous les balcons comme sous les tilleuls, au signal comme au rendez-vous, ah! que j'en ai connu de ces veilleurs d'armes et de ces monteurs de garde, — à pas de loup, — à pied de grue, — allant, venant, en long, en large, en travers, semant leurs graines sur un sol ingrat, — terrain battu, espoir rebattu, — sans que nulle part sorte et surgisse l'idéale fleur de leur miel à faire!

Pour moi, en pitié que je suis de tous ces vains errements des nubiles et des pubères, je ne crois pas plus aux succès des poursuites qu'au bonheur des rencontres. Triste, triste est aujourd'hui, au plein vent de ce siècle, — vent desséchant autant que glacial, — l'immense salle des Pas-Perdus qu'arpentent, d'une audience à l'autre, — sergents de ville dans les coins, — la multitude des stagiaires et des avocats sans cause de l'amour ! Ils me font hausser les épaules avec leurs semblants de dossiers sous le bras, grossis de romans imaginaires ou de pièces de vieille date, virant, furetant, obligés pour vivre d'accepter sur le

trottoir, — avec fortes remises, — Dieu sait quelles clientes!

Oh! l'époque n'est plus des galantes histoires! des héroïnes improvisées! des liaisons soudaines et touchantes! Vous êtes morte au milieu de notre désert de sable, chère Manon; et toi, Desgrieux, dernier des chevaliers errants, tu as bien fait, — l'existence étant à jamais désenchantée, — de te percer le cœur de ton épée!

Il nous reste toutefois, aux uns les yeux pour pleurer, aux autres l'esprit pour rire. Oui, l'esprit, il court nos rues; mais la beauté, la pure beauté, en quelle cave se cache-t-elle comme un rare trésor? Mais l'amour, le noble amour, en quel grenier l'a-t-on relégué comme un meuble gothique?

Je conclus et j'opine de ma botte pour que chacun rentre chez soi. C'est mon avis que cœur qui roule n'amasse pas miette. En aucune auberge la fille de service, corsetée dans ses appas élastiques comme sa vertu, ne sert plus à boire et à manger aux commis voyageurs en tendresse. Même il y a chance que femme et fortune se conduisent tout semblablement, et que l'homme qui court après elles ne soit partout moins bien servi que celui qui les attend entre ses draps!

Halte là! je déchiffre une méchante induction dans votre sourire... vous me soupçonnez de...

Eh bien! que celui qui est sans reproche me — porte sa première botte!

XI

Elle filait pourtant si entraînante, la jeune beauté que je rejoignis l'autre soir!...

Surpris de son air et de sa démarche, je m'étais laissé transporter d'enthousiasme sur ses pas. On eût dit qu'elle avait des ailes à demi repliées sous sa longue mantille de dentelles, tant elle allait gracieusement élancée! Et tant elle était voluptueusement balancée, qu'elle paraissait alanguie, comme alourdie de toutes les promesses de bonheur saillant déjà de son sein! Fine et formée, fraîche et fière, coulée tout d'une venue dans le moule antique des déesses, elle marchait aérienne pour le regard,

substantielle pour le désir; et moi, la suivant, je m'enivrais et je me creusais, — à la fois pris d'extase et affamé de possession!

Je ne voyais qu'elle dans la grande ville où elle me faisait circuler, comme le papillon du soir après le flambeau, tour à tour transporté d'une galerie ou d'un étage à l'autre. Savais-je seulement les gens et les lieux que nous dépassions dans notre rapide élancement? Elle aurait pu me mener à Dieu ou à diable indifféremment. Affaires, plaisirs, parents, amis ou ennemis, tout était effacé, oublié, anéanti! — Y a-t-il réellement ici-bas autre chose que la beauté, — à supposer que quelque chose soit?

Le cou d'un blanc de marbre, chargé d'énormes nattes de cheveux noirs, grappes de raisin du pays de Chanaan, reflétés et retenus dans leur masse sur des épaules élégamment évasées comme la silhouette d'une amphore phénicienne, ce cou à lui seul m'eût engagé à faire le tour du monde,— pied levé, — stationnant des lèvres, pour tout repos, à chaque suavité de son divin circuit!

Mais il ne m'est pas possible de terminer à la plume, et en traits si grêles, le portrait de ma radieuse fugitive. D'ailleurs je ne l'apercevais que par derrière à profil perdu : laissez-moi donc à son pas — ou à son cou — et tâchez de lui poser de vous-même, sans trop dépareiller, la plus idéale tête que vous ayez en vision ou en provision dans la vôtre.

Or je la suivais depuis une grande heure sans qu'elle en témoignât nulle inquiétude. Elle se hâtait, car le soleil baissait, et, les faubourgs traversés, nous étions dans la campagne, cheminant à distance, presque solitaires, entre les haies et les arbres vaguement emmêlés aux crêpes précurseurs de la nuit. Mais, bien qu'elle dût entendre mon pas pressant sur le sien, elle ne se détourna point et ne fit aucun mouvement de crainte quand, peu à peu, je me rapprochai. Elle fendait l'espace toujours droite et indifférente, comme si elle eût tracé un sillage accoutumé dans l'admiration silencieuse des êtres et des choses. Et cependant j'étais si proche d'elle que je sentais le vent de sa course au visage et que j'avais sur moi, flottant comme une écharpe, l'ombre allongée de son corps aux rayons du couchant.

Nous avions quitté la route commune : nous descendions par l'allée verte d'un verger inclinant dans un val ses tortueuses frondaisons. En cet endroit une petite rivière scintillait de dessous les broussailles et les saulées, étendue là comme un fer de glaive, rougissant aux réflexions des nuées crépusculaires. Alors, subitement, elle se mit à fuir le long de la berge jusqu'à une passerelle voisine... Oh ! les pénétrantes odeurs qu'exhalaient les sauges écrasées !... J'arrivais comme elle, du même pas accéléré, et si juste à propos que je la saisis par la taille et la retins à l'instant où, jetant un cri de terreur, — son pied venait de glisser sur le bord de l'eau...

Encore tremblante, elle me permit, ne disant mot, de la soutenir à la passe du petit pont tremblant, lui aussi, sous nos pas accordés : et tout oscillant en cet étroit défilé, furtivement et à diverses reprises, je mirais nos deux images, embrassées ou confondues, dans le courant même de la rivière...

Il n'y avait point à discuter : c'était le droit de péage; sans trop se faire prier, elle me paya en bonnes espèces dont je lui exprimai aussitôt ma reconnaissance dans les règles. Mais comme on n'y voyait plus assez clair pour bien établir ses comptes et que l'obscurité est redoutable pour ceux qui ont en poche de trop fortes sommes, — amiablement elle me conduisit en lieu sûr, et là nous fîmes... de la lumière et des additions.

XII

Le lendemain, au grand jour, je repris, en sens inverse, la passerelle de la rivière en m'arrêtant à la place même où elle avait failli, — sautant le pas, — se laisser choir ; je retrouvai sur le limon l'empreinte accidentelle d'un pied dont je savais à présent, sur le bout du doigt, la précieuse longueur ; et, rêveur, je considérai longtemps cette entaille parfaite où son talon de satin avait nettement dessiné comme le cintre roman d'une petite porte de paradis :

Elle avait passé par là !

Et moi aussi !

Ah ! que ne puis-je m'agenouiller encore sur ce bienheureux rivage, ainsi que Robinson découvrant une trace humaine sur la grève de son île ! — Ile déserte de la vie, comme tu changes aussitôt ton titre et ta valeur sous ce poinçonnage d'un petit pied disparu ! et comme tu peuples tes solitudes avec un seul pas de femme aimée !

XIII

C'est bien le lieu et le numéro en ce chapitre XIIIe de rappeler quelques-uns de ces grands poursuiveurs de chimères dont les noms sont restés synonymes de douleur et de déception !

Le plus amer de leur gloire est encore qu'on ne

saurait les évoquer sans provoquer la misérable raillerie de toutes les médiocrités satisfaites et incapables même d'apprécier, à un niveau qui les dépasse, les tortures des âmes sublimes. Ainsi, quand le lion se meurt, altéré sur sa roche brûlante, les moucherons, plus bas assemblés autour d'une goutte immonde, bourdonnent en se délectant.

Don Juan ! don Quichotte ! le Juif errant ! — trois illustres marcheurs de l'amour infini ! — l'un s'éprenant de toutes les femmes, l'autre prenant en main toutes les causes, le troisième croyant tous les jours à la naissance de son grand Rédempteur ! Foi, justice, amour, à chacun son lot et son but, et avec quelle ardeur ils vont également de front et de cœur pour saisir ce qui toujours les abuse!

Ils vont! — Don Juan et don Quichotte, l'un mort, l'autre fictif, dans la création de leurs types, ne sont-ils point vivants et perpétués comme le Juif errant? — On les retrouve, eux trois, dans toutes les plaines et sur tous les sommets, à pas lents ou hâtés, infatigables et allant tant que le monde ira lui-même et que la terre ne manquera pas sous leurs pieds. Ils forment de leur sacré bataillon le triangle suprême et séculaire des génies en voyage vers un idéal trompeur! Jamais ils n'arriveront, pas plus par cet angle que par cet autre, à toucher l'horizon et à étancher leur soif sur les bords lointains de leur céleste et diabolique mirage. C'est égal! s'arrêter ce serait pour eux mourir! — Il n'y a que l'élan de bon dans la vie, que la passion de valable dans l'âme, que le jet de réussi dans l'espérance! — Et le poignant de leurs poursuites est moins de ne pas atteindre que de franchir, en roulant plus loin dans le désespoir, — la femme flétrie, le fantôme évanoui ou le Crucifié ressuscité!

Malheur! trois fois malheur sur vous, pauvres aigles foudroyés pour vous être trop approchés du soleil! Tous, vous étiez là, représentés par un seul, à la montée du Calvaire, lorsque, osant frapper votre Dieu sur l'épaule en l'accusant de s'engourdir dans son œuvre, vous lui avez dit : — Va donc ! — Tranquille et terrible, il s'est retourné vers vous, se contentant de vous indiquer, après lui, votre

route âprement indéfinie... Point de repos, point de répit d'ici là qu'il revienne ! — Et quand?...

Mais si parfois, vers la fin d'un jour, n'en pouvant plus de lassitude, vous souhaitez de vous asseoir, vous don Juan, vous don Quichotte et toi Ashasverus, voyez au fond des ruines des âges le vieil homme Job, votre ancêtre à tous, — qui vous invite à prendre place sur son fumier, tout

en râclant ses ulcères d'un morceau de pot cassé... et ainsi faites, curant vos plaies avec un débris d'illusion!

XIV

Il est, — marchant après ceux-là, — bien que plus pratiquement utiles à leurs frères, une autre légion d'explorateurs : ce sont les évangélistes de tout progrès ; j'entends les artistes et les savants, les chercheurs et les législateurs, les hommes d'invention ou d'action. — Hors de cette auguste phalange, vous tous, empereurs et conquérants, malheureusement trop célèbres, qui n'avez fait que teindre la pourpre de votre ambition dans le sang par vous et pour vous répandu ! Et que la honte en soit aux historiens vils qui vous exaltent encore au lieu de vous souffleter, au lendemain de vos carnages, dans le mépris ou l'oubli que vous méritez!

A la queue du grand cortége les princes ou les héros barbares ou vulgaires; en tête les poëtes et les penseurs inspirés ou civilisateurs : tel est l'ordre rétabli. Si les rois sont nos bergers, comme on l'a niaisement prétendu, qu'ils restent à l'arrière du troupeau avec leurs chiens à langues pendantes; et nous, toujours avançant dans l'azur limpide des aurores, rendons nos premiers hommages aux étoiles qui nous ont réveillés!

Mais, de par les astres, gardons-nous encore de confondre les véritables éclaireurs de l'humanité avec cette tourbe turbulente des agitateurs de partis, qui nous harcèlent à chaque étape comme la vermine de nos lits de campement! Oh! les vilains animalcules que ceux que l'on observe dans nos tempêtes de cabarets, et dans nos révolutions de coupe-gorge! Politique de clubs, opinions de banquets, ébullitions d'égoïsmes, microscopiques misères, vous m'eussiez donné l'horreur de tout état social si j'avais fait plus que traverser vos infectes chambrées! Ce m'est assez de vous avoir entrevus, despotes hurleurs de libertés, ambitieux bavards d'égalité, haineux compères de fraternité! Je vous connais, beaux masques, et je préfère encore à vos boueux ou sanglants complots dans l'ombre les sauts périlleux de nos paillasses fraîchement décorés de paillettes sur le tréteau des grasses prébendes, — à chaque soleil levant !

Petits jeunes gens, petits tribuns, petits faiseurs de harangues ou de journaux ; vous, chétifs, qui vous flattez orgueilleusement d'apporter votre pierre à l'édifice social et vous nommez insolemment les pionniers de l'avenir, que vous seriez mieux avisés de retourner d'où vous êtes venus, terrassiers ou gâcheurs des chemins ou des bâtisses de votre village!

XV

Je m'agite et mes bottes me mènent : elles me font aller plus fort et plus loin que je ne le voudrais quelquefois. Pas davantage qu'à moi, cependant, il ne leur sied de caracoler dans le pathos des sujets politiques ; nous en aurions bientôt jusqu'au mollet et vous, lecteur, jusqu'au collet !

Pour un pas ou un mot risqué en ces orageuses matières, ne suis-je point embourbé et crotté à ne savoir comment reparaître en public ?

Allons ! que je m'essuie promptement les deux

pieds à quelque touffe d'orties, et puis de nouveau à travers champs!

Voyageurs! venez-vous? en êtes-vous? Nous partons le sac au dos, le bâton ferré à la main, la ceinture garnie, l'esprit et le nez à tous les vents de la montagne ou de la mer; — sans soucis ni projets, ni poids, ni chaînes : — ne tirant, ne traînant plus rien de notre si vieille existence d'hier, et libres, avec tout un monde de rajeunissement devant nous!

La belle matinée que celle-là où nous secouons les noirs ennuis cachés aux plis de notre front comme nous essuierons, le soir, la poussière grise nichée aux replis de notre chaussure! où tout se change et se transforme, d'une lieue à l'autre, dans nos habitudes et dans nos relations; où nous quittons les hommes pour les choses, les préoccupations pour les impressions, et le cercle pesant de la réalité pour la roue brûlante qui va effleurer toutes les bornes!

C'est vainement que l'Américain Emerson a défini les voyages : l'Éden des fous. Tous, plus ou moins insensés que nous sommes, nous avons besoin parfois d'un autre air et d'un autre ciel que celui qui nous pèse journellement, et, refoulés de la vie, il nous faut, à certaines pressions atmosphériques, un débouché d'explosion dans l'espace inconnu!

En outre et surtout, l'aspect de la nature, cette grande consolatrice des affligés, cette souveraine berceuse des malades ou des meurtris, nous est annuellement nécessaire, à nous habitants des cités. Ne semble-t-il même pas qu'au printemps et à l'automne, revêtant sa robe verte ou ses mousselines blanches, elle nous provoque et nous attend hors des murs, nous envoyant ses messagers, oiseaux et fleurs, souffles et rayons, — jusqu'à ce que nous cédions aux tentations de ses sourires ou aux attendrissements de ses soupirs? Bois, lacs, rochers, vallons, neiges et sapins, pentes gazonnées, escarpements sauvages, ombres douces des golfes, sereines lueurs des cimes, ondes et nuées, paysages tourmentés ou tranquilles, terrestres attraits, vous êtes irrésistibles pour ceux qui vous ont une fois goûtés, et le plus petit zéphir d'aventure qui soulève vos gazes de vapeur en montre assez pour tourner à vous leur tête et leurs talons! O nature! — ô mère! — ô maîtresse! — de quel nom t'honorer, alors qu'avant l'heure même du départ, penchés sur l'atlas et cartes déployées, nous tressaillons rien qu'à voir ta mappemonde qui nous tend ses mamelles accidentées!

C'est renaître que de voyager, c'est recommencer à chaque relais une existence tout autre avec chances diverses et puissance d'y choisir sa part et d'y régler son pas. Aussi le voyageur ne tarde-t-il point à se

dessiner luimême dans son originelle ou originale personnalité. Voilà l'homme simple tel que le Créateur l'a fait, en marche sous les cieux dépouillé de son costume de théâtre, éclairé, non plus d'en bas, des feux de la rampe, mais d'en haut, du jour de Dieu ; ayant laissé à la maison et à la société dont il s'éloigne ses oripeaux de comédie et ses breloques de mise en scène. Ici plus de brodequins ni de cothurnes, mais de bons gros souliers sincères qui retentissent comme les propos alternativement échangés sur le chemin. Les rôles appris ou convenus sont entièrement oubliés : on s'émeut, on pense, on parle de son propre fonds; l'être entier vibre au choc des autres êtres sans aucun contact de répression, — comme une coupe

de cristal dégagée et le pied fermement posé sur un sol sonore ! On se déboutonne enfin de cœur et de corps et la chemise ou la tunique s'entr'ouvre assez dans la marche pour laisser reconnaître à la chair vive la couleur de chaque poitrine.

Moralisante et bienfaisante tendance que celle des voyages ! *In vino veritas*, dit-on ; plus encore, *in viâ veritas*. Or méfiez-vous également de celui qui, jouissant et de sa santé et de sa liberté, craint de vous faire raison d'un verre de vin ou d'une lieue de pays : ténébreuse est son âme, et il y a là, dans ce coffre à l'intérieur fermé, quelqu'un qui a peur de se trahir en ouvrant la bouche ou de se révéler en bougeant le pied !

Je n'arriverais pas à terme si j'entreprenais le panégyrique complet des voyages et des voyageurs, d'autant qu'il faudrait y ajouter, en justice comme en contraste, le chapitre des mécomptes ou des fatigues, des attrapes ou des monotonies, lequel serait plus du double peut-être !... Je crois même pressentir qu'après avoir salué, — chaperon en l'air, — le moment délirant du départ, je m'inclinerais, — basques entre les jambes, — devant le bienheureux instant du retour !

N'y aurait-il pas de milieu, et la réalisation même des voyages ne serait-elle qu'une éreintante abstraction? Ou bien nos voyageurs de commerce comme de noblesse d'aujourd'hui, partout rencontrés et faisant loi sur les routes, avec leurs ma-

nières maussades et leurs mines mornes, tous fils du même calibre et du même tailleur, s'étalant comme de jeunes veaux, mufles enrubanés, ou comme de vieux bisons, poitrails blasonnés, dans leurs coins de première classe, — en vagon, — seraient-ils mille fois plus irritants et énervants que les honnêtes casaniers à tournure ronde, conservés d'autrefois sous cloche de leur bonnet de coton et modestement blottis dans leurs coins de troisième classe, — au foyer. — Oui, assurément, je donnerais tous nos grands seigneurs remuants de l'époque pour un cher petit épicier du temps où le thon et les pruneaux ne nous arrivaient point encore en masse par toutes les voies ferrées!

Tenez! je termine en violent accès de franchise : voulez-vous revenir haïssant l'espèce humaine au degré précis où elle doit être détestée ? voyagez !

XVI

Voyagez, voyagez : il en reste toujours quelque chose ; et lors même que l'on rentre chez soi besace vide, n'est-ce point soulagement que d'avoir entreposé, pour un temps, son fardeau coutumier ? Tout est voyage ici-bas, à la différence près du sac et du soulier. Vous flattez-vous donc de ne pas voyager, vous qui demeurez en apparence fixés et cramponnés à votre banc, bâillant d'une mâchoire repue aux rayons réguliers de l'astre qui vous éclaire méridiennement? — Je vais dire une banalité, en répétant, après tous, que la vie n'est qu'un voyage ; mais c'est pour greffer sur ce tronc commun la remarque incidente qu'il y a entre les erratiques et les sédentaires cette singulière différence que Pascal signalait entre les routes et les fleuves : on marche sur les routes, tandis que les fleuves sont eux-mêmes des chemins qui marchent en emportant sans qu'ils s'en doutent ceux qui, semblables aux bateliers du Gange, se sont endormis sur leurs flots... de même, etc.

Achevez la comparaison si vous la saisissez ; il en abonde tellement sous mes pas en cette saison d'automne, que je me lasse de les ramasser toutes et vous les abandonne à demi entamées, comme des fruits mordus au côté où les baisa le soleil!

Ce qui n'empêche que, figure à part, je persiste à soutenir qu'en ne sortant point de son trou, on voyage quelquefois autant, sinon plus, qu'en battant le pavé ou en fouettant la poudre des villes et des campagnes étrangères. Réfléchissez un peu à tous les pas que vous faites, à la journée, dans une circonférence restreinte et autour d'un centre attractif; énumérez, par approximative, vos allées et venues, vos détours dans les chambres, vos courses du quartier et d'ailleurs, vos visites et vos démarches je ne sais à qui et j'ignore où ; — supputez toutes vos petites escapades de côté et d'autre, à pied ou à cheval, et tâchons de dévider ensuite, si faire se peut, la pelote aux nœuds embrouillés qui mesure sur place, en s'arrondissant terre à terre, la longueur immense de votre voyage, — vous qui ne voyagez pas !

« Comment ! s'exclame avec stupeur un vieillard cacochyme, gardant le gîte et, tel qu'un derviche, tournant sur lui-même depuis plus de quarante ans, — j'ai fait tout ça, moi !... »

Tout autant, mon bonhomme, et plaise à Dieu que votre bobine en ait seulement encore pour dix mille lieues !

XVII

« Dépêchons ! hâtons le pas ! s'écrient les uns ; si nous ne courons, nous courrons risque de manquer le coche ou le train. Montre en main, voyez ! pas une minute à perdre ! En avant ! une, deux ! »

Et ils se démènent dans la carrière comme des

diables dans l'eau d'un bénitier, toujours pressés, toujours réglés au pas de charge ; inquiets et inquiétants, tourmentés et tourmentants ; ne supportant point de séjourner nulle part, et souffrant moins encore l'installation ou le repos de ceux qui dépendent de leur tourbillonnante volonté.

« Doucement, modérons le pas, s'il vous plaît, murmurent les autres ; a beau courir qui s'en va loin, il n'arrivera pas au but avant nous. L'horloge lentement sonne les heures ; prenons allure sur elle : une, — deux, — trois, etc. »

Et ils lambinent dans la carrière comme des sacristains de cathédrale, toujours tardifs, toujours réglés au pas de procession, pesants et poisseux, somnolents et assommants, ne supportant point d'avoir à forcer le pas en aucune circonstance, et souffrant moins encore la sortie ou l'accélération de ceux qui dépendent de leur inébranlable volonté.

Or, je vous consulte, — auquel des deux tics accorderons-nous la palme olympique ? à celui qui fait comme le moteur : Tac tac tac, ou à celui qui fait comme le timbre : Toc, — toc, — toc? — à celui qui file comme la locomotive, ou à celui qui roule comme la brouette ?

Cherchons d'abord dans Bescherelle la signification exacte du mot *Tic.* Voici, je lis textuellement : Tic, *habitude vicieuse que contractent les chevaux et les bêtes à cornes.* O génie de la langue française ! je reconnais bien là un de tes traits ! Comment pourrions-nous mieux répartir les mérites de chacun qu'en distinguant nos deux espèces de bipèdes absolument de la même sorte que le cheval de selle du bœuf de traînage ?

Au fait, ils se valent l'un l'autre, en ce sens qu'ils sont également effrayants ou insupportables, soit que le cheval emporte son cavalier, ligaturé comme Mazeppa, soit que le bœuf charrie sa voi-

ture, conduit comme Mérovée ! Et, à choisir pour mon usage particulier, j'hésiterais à qui donner la préférence... quoique, réflexion faite et tout *physiquement* considéré, j'estime que l'on s'accommoderait plutôt d'un maniaque à demeure que d'un fantasque à la course ; un bœuf couché dans le plat n'est-il pas encore plus acceptable qu'un cheval lancé à travers la vaisselle ?

XVIII

Il est pourtant un moyen terme de concilier, en une même et heureuse existence, les deux goûts opposés de locomotion et de claustration qui se partagent le cœur de l'homme : double leurre de qui s'imagine trouver en cherchant ou de qui se flatte de conserver en se tenant coi.

Cet entre-deux, sans tumulte comme sans torpeur, c'est l'accorte et saine promenade. On sort, on va, on respire, on explore, mais on ne perd pas pied dans l'étendue; un lien ductile et secret vous rattache au logis comme le filet ou le cerf-volant attachés à un point fixe de la côte ou du champ. En partant, on ne quitte pas ce qu'on aime, mais on s'en rafraîchit l'émotion par un tour de variété et un retour d'affabilité; car on revient, on rentre, on retrouve, à coup sûr, tout ce qu'on a pour une heure laissé, et, simplement sorti sans causer d'inquiétude à personne, on est reçu joyeusement comme un fils prodigue de ses pas; tout étant ainsi bénéfice au promeneur qui ne s'éloigne, semble-t-il, qu'à la distance effective pour juger de son nid et reprendre un bond vers les siens!

Ce qu'il y a de meilleur dans le bonheur se relie par quelque bout au charme des promenades. Je ne rappellerai point toutes celles de l'enfance, aux-

quelles nous devons cependant nos poétiques souvenirs et nos impressions fécondes, — plus instructives et plus éducatives, j'en réponds par moi-même, que les sèches et sottes leçons de nos routiniers professeurs! Je ne reviendrai pas non plus sur ces langoureuses conduites où, deux à deux, tendrement enlacés, faufilés sur le velours des mousses tachetées d'or au tamisage des grands bois, à tâton, — et tâtonnant un peu partout, — l'on arrive instinctivement dans un de ces sites écartés où d'être un amoureux on a la liberté!... Ces parties fines sont trop intéressées et intéressantes par l'objet même qu'on y entraîne, et leurs jouissances concentrées n'ont ni le pied ni l'œil aux larges

épanouissements des pures et pacifiques promenades !

Celles que l'on fait avec un ami, par exemple, un ami jeune de cœur et de visage, ancien dans le partage de nos sentiments et de nos souvenirs, un ami comme j'en ai eu !... O fabuleuse chimère ! j'y croyais tandis que se berçait notre marche dans une flâneuse intimité, et que, remuant les feuilles mortes sous nos pas, nos pensées bruissaient de même en se ranimant au souffle de nos paroles ! Autant en ont balayé depuis les vents glacés du nord !

Ces prétendus amis n'étaient, pour la plupart, que les spectres solaires de mon ardente jeunesse ou les reflets colorés de mon embrasante sensibilité ! L'âme que je leur trouvais, c'était la mienne, expansive, dont je les inondais !... Aussi n'ont-ils point résisté à l'épreuve du grand jour et des grandes sécheresses ; peu à peu ils se sont dissipés autour de moi comme des fumées phosphorescentes ou des vapeurs humides ! Et quand, sans expérience encore, j'ai tenté de les ressaisir, je n'ai ramené dans mes doigts que la gouttelette d'eau pleurante par l'effet même de la combustion sur les becs de gaz éteints !

D'autres sont morts, d'autres sont loin, et c'est pourquoi je vais tout seul, à présent, dans mes pensives promenades. — Seul ? — Pas absolument. Je prends avec moi un livre aimé, un vieux livre d'ordinaire ; — les modernes peuvent amuser ; ils n'ont pas assez de moelle pour fournir une nourrissante pâture à qui les dévore d'une dent ou d'une âme affamée. — Et par le lacet contournant de la montagne, je monte, tour à tour exalté ou recueilli... au plus haut, en belle vue et en pleine nature, je m'étends à l'ombre d'un arbre préféré ; j'ouvre sur le roc ou sur la ronce Montaigne ou la Bruyère, le Sage ou Jean-Jacques, le ciel illuminant leurs pages de ses teintes changeantes, et les insectes variés et curieux les parcourant parfois presque aussi vite que mes yeux ; puis, là, en moi-même absorbé, comme un avare, brassant du cœur mon spirituel et éternel trésor, je laisse descendre en paix la journée sur l'ensemble des monts et des vallons, oubliant mon point et ma place dans le petit tripot fictif de cette vie, nommée réelle et positive

par ses joueurs éperdus ! — Et ce n'est qu'au son d'une cloche et à l'aboiement d'un chien, l'une m'appelant de loin par les entrailles, l'autre me tirant de près par l'habit, que je regagne mon toit au milieu des fumées du soir.

XIX

Certainement je me fais mieux encore à ces promenades silencieuses en compagnie d'un bon livre et d'un bon chien, — ces deux derniers amis dont la mort ne nous sépare pas entièrement : — celui-là nous préparant de longue main à l'élévation future, et celui-ci nous flairant encore d'une narine allongée sur le tertre même qui recouvre notre dépouille ; certainement que je les préfère à toute espèce de camaraderie bruyante ou de société banale. Maintenant surtout que les rapports deviennent de jour en jour plus futiles et plus frêles dans nos rangs ébranlés ! — Intérêt hors ligne, argent remis en poche, quoi de supérieur nous préoccupe et quoi de profond nous unit ?

Connaissez-vous, sauf rares exceptions, gens du grand monde et du mieux éduqué correspondant

ou s'entretenant par amour ou par goût des choses de l'esprit ? Qui même distinguez-vous dans nos rues ou dans nos réceptions d'assez hardi pour tenir un autre langage que celui de la vulgarité rampante, toutes phrases prises et apprises dans le code cité de la politesse ou dans le manuel récité des convenances? Qui, parmi nous, *hommes comme il faut*, se risquerait, sans passer pour bizarre dans le commerce social, autrement qu'effacé, usé de face et de pile, comme une monnaie, par l'universel frottement?

Comment cause-t-on dans nos fades soirées? Que se dit-on dans nos insipides visites ? Toutes ces corvées que les oisifs persistent à appeler des plaisirs ont atteint une telle intensité d'étouffement que l'attrait naturel des femmes ne suffit plus pour y retenir, et que l'éclat de la beauté même s'y éteint comme la lumière des lustres sous le fétide écrasement des plafonds; déjà nos jeunes gens commencent de s'en défendre ou de s'en sauver dès qu'ils le peuvent, ainsi que des alouettes que les reflets du miroir viseraient en vain dans une atmosphère embrumée! Le mélange des ingrédients mondains est, en effet, si lourd actuellement et si fortement chargé d'électricité animale, que de vouloir y plonger et y aspirer, — intelligence ouverte et cœur à découvert, — ce serait assez pour s'asphyxier, — si on n'éclatait au dehors. A ce point que ceux-là qui se prodiguent gratuitement et platement aux assemblées mondaines les recherchent davantage et y sont les plus recherchés, en arrivent bientôt, — et à force d'étendre partout leurs excellents rapports, — à se brouiller pour de bon avec eux-mêmes, sans plus pouvoir se regarder en face, ni se supporter une minute dans le recueillement de la solitude; tant ils sont alors effrayés en se retrouvant, loin des frivoles clinquants et cliquetis des salons, tristes et ternes, dépouillés et creux, — comme de vieux saules, — tels que le monde les sait tordre et miner autour de ses marécages peuplés d'oies et de canards... Aussi n'est-il pour moi isolement austère ou labeur ardu qui ne me ravisse au sortir des réunions ou barbotements de plus d'une et très-aimable invitation!

Serait-ce m'avouer misanthrope que de manifester cette brusque répulsion devant les mannequins à ressort et les mécaniques à système de notre beau monde élégant? Et lui jetant ma carte au pied ou mon gant au visage, — ma carte, étiquette de son caveau, et mon gant, menotte de son cachot! — vais-je m'attirer un duel avec le genre humain? Eh bien, soit! Je suis prêt à en subir les conséquences, et je consens à envoyer mes témoins, pourvu qu'en réglant les conditions du combat ils fixent au moins à cent pas de distance les coups — de langue — entre ces messieurs, ces dames et moi.

XX

Ce que c'est que d'entreprendre, à tout bout de digression, une virulente sortie ! Comme Marlborough, on part en guerre sans savoir quand on reviendra, — et quelle peine pour rentrer ensuite dans son sujet, — c'est-à-dire dans ses bottes d'ordonnance, — le cerveau et le pied également échauffés !

Ne m'accusez pas cependant de trop dévier de mon chemin en fulminant de droite et de gauche contre certains engagements de société. Je déplore justement les pas inutiles auxquels ils nous obligent, les pas absurdes que l'on dépense à s'aller voir, au jour le jour, les uns les autres, n'ayant rien à se communiquer que des fadaises ou des médisances, et sous ce risible prétexte d'entretenir ses relations! Les pas insensés que l'on se prodigue, bon an mal an, entre indifférents, pour se rechercher et se recevoir misérablement ou vaniteusement; les pas d'ivrogne que l'on multiplie enfin dans toutes les impasses et dans toutes les arrière-boutiques de ce monde charmant — et « hideux » — qui a l'égoïsme pour limite et la sottise pour denrée.

Je ne fais que condamner, en me frappant la poitrine et en trépignant moi-même du pied, tous ces pas et repas où, dominés d'habitude par nos voisins ou voisines, nous nous laissons mouvoir et — manger! Transporté de fureur, dans les lieux mêmes de l'expiation, je m'indigne contre les abus criants du supplice; je proteste, saisissant mon voisin par sa grande main de bois et ma voisine par sa petite main de plâtre, — et les secouant de toute ma rage, — contre les minauderies prétentieuses et réputées délectables de celle-ci, contre la toute-puissante médiocrité et l'aplomb superbe de celui-là. Puis, les lâchant et brandissant au milieu même des salons mon fauteuil de torture, je me révolte enfin contre les faux esprits, les grâces menteuses et les solennelles nullités qui m'ont si souvent pressuré de leur impôt en m'astreignant dans leurs états de nuit à me *répandre* jusqu'au vide et à me retourner l'âme extérieurement comme une poche à l'envers qui fait sauter ses dernières miettes de pain.

Ayez garde, toutefois, de ne pas étendre mes réprobations aux excellents et affectueux concours de parents ou d'amis, dont la douce entente et les manières simples sont comme une oasis dans l'aridité et la stérilité de nos mœurs contemporaines. Les pas de qui s'assemble pour s'aimer, se le dire et se le démontrer seront à jamais des pas sacrés : il y a autel là où il y a cœur, et le sacrifice est mutuellement profitable lorsque l'on en renaît après avoir consumé quelques heures de son temps autour d'une même cendre !

XXI

Puisque je traverse nos salons du jour, — mal à l'aise et moins dans mes bottes que dans mes petits souliers, — ne serait-ce pas le cas d'interrompre ou de changer le cours de la conversation par une danse de circonstance, — dansant avec ma plume, — sur un de ces motifs que je fredonne d'ordinaire tout en écrivant ?

Mais une difficulté m'arrête dès le début : je ne sais pas plus danser qu'écrire. Soit en fin, soit en gros, je ne puis ni aller droit ni croiser en mesure, et, dans mes déliés ou mes pleins, je suis de même, illisible sur le papier et indéchiffrable sur le parquet.

Vous plairait-il d'en savoir la raison? La raison est de celle qu'on ne raisonne point, attendu qu'elle prend racine dans le cœur et qu'on ne l'arracherait qu'avec cet organe. Or, écriture ou quadrille, je brouille le tout par cette cause absolue de l'émotion qui me trouble à ce point de ne plus distinguer les caractères ou les figures lorsque je pars, — croyant tenir, de l'aile ou de la taille, — une jolie femme ou une belle pensée.

J'admire fort la lettre moulée et le pas cadencé, la valse allemande et l'anglaise allongée. Encore plus je m'étonne de la sûreté de main et de pied de nos petits-maîtres, écrivains ou danseurs. Est-il donc vrai que le génie et la passion aient quelquefois écrit ou dansé aussi correctement que des liquoristes ou des baladins? La chose est incontestable: on m'a montré des chefs-d'œuvre manuscrits constellés d'idées lumineuses et réglés comme des registres de contributions. J'ai vu, semblablement, des polkeurs possédés d'un amour frénétique, pressant sur leur gilet des gorges désirées et pirouettant, palpitant, tortillant et tourbillonnant, — criblés sous les feux de mille bougies allumées et de mille regards écarquillés, — sans manquer un rompu, sans faiblir d'un dégagé, sans se démettre d'un entrechat ou d'un avant-deux !

Quel tour de force ! et, pour ne plus parler que des danseurs, quel muscle ou quel nerf cela suppose au jarret ou au cœur ! A la fin, j'aurais eu envie de leur crier : Bravo ! bravo ! tout comme à l'Opéra, quand le comparse de la troupe, virant vi-

vement ses jambes à pointes de compas, se fiche en scène, immobile et souriant, la première danseuse tout entière étendue sur sa robuste hanche, au *boumm !...* coup d'arrêt suprême de la grosse caisse ! — O amour ! sur la peau d'âne de tes victimes, n'as-tu pas de ces merveilleux retentissements d'à-propos ?

Certes, il n'en va pas de même à mon endroit lorsque je me hasarde à la danse : pour si peu que mon imagination mette à la voile en même temps que moi, le vent de l'orchestration me prend à rebours ; je louvoie, je cours des bordées, je manœuvre à contre-marée... Hélas ! je n'ai le pied ni marin ni danseur ; et, à ma plus mortelle honte, je tarde guère, quoi que je tente, à échouer sur le flanc... Pris alors en pitié par ma belle invitée, elle-même me retire à la grève, au milieu des lor-

gnons moqueurs ; et là, près de sa banquette, d'une brève révérence elle me remercie pour cette fois, — et les prochaines inclusivement !

La cruelle et l'insensible! elle ne soupçonne même pas que, si elle me ravissait moins, je danserais mieux, et que je rebondirais d'autant plus haut et plus juste si elle m'était complétement indifférente!

Mais ainsi va le monde, et il danse et dansera du même pied tant qu'il y aura des pantins, des poupées et des pianos s'accordant pour faire de la

géométrie rectiligne ou curviligne avec des bottines vernissées et des escarpins satinés, sur des planchers enduits d'encaustique. Parole! l'Auvergnat qui les frotte a plus d'entrain dans sa dégaine, brosses aux orteils et les bras basculant, que nous danseurs convenables en habits noirs, — croque-morts ou croque-notes, — debout et ruisselant à l'angle des portes, en attendant le signal de la levée générale et musicale du corps !

Silence ! la maîtresse de maison pourrait nous entendre plaisanter de son bal, — elle qui ne plaisante pas. La voilà, partout trompetante et triomphante comme une guêpe d'été, aux antennes ornées de fleurs ; avec son œil de lynx, elle nous dépiste, en quelque recoin que nous nous tapissions, et nous harcèle pour chaque contredanse. — Hé ! que faites vous là, monsieur? Ne songez-vous donc point à prier cette petite demoiselle qui se dérobe là-bas derrière les rideaux, ou à engager cette chère dame assise là contre la cheminée ? — Vous vous récriez : — Pardon, madame ! —Moi, je m'esquive opiniâtrément. — Alors, à grand'peine, arrachant de dessus sa plate-bande une énorme citrouille décolletée de toutes ses feuilles, ou vous emparant avec zèle d'une rougissante ingénue,— sourde, muette et on croirait aveugle, — si elle ne voyait parfaitement tout avec sa paupière baissée, vous partez !... Gare qu'il vous échappe un trait d'esprit ou, pire encore, une pointe de sentiment ! Pas de scandale ! mais du mollet, une

certaine tenue passablement grotesque et l'imbécillité de bon ton prescrite à l'ordre du jour et de la nuit ! — C'est tout, et c'est on ne peut mieux. La délicieuse fête ! on n'en revient qu'à l'aube grisonnant sur les toits, et déjà les orgues de Barbarie descendent aux rues en exposant sur leurs plateaux mobiles des danseurs et des danseuses de carton-pâte que nous ne valons pas !

XXII

Jadis il n'en allait point de même. A la cour comme au hameau, on dansait gracieusement, li-

brement, galamment, en talons rouges comme en sabots blancs! Gavottes et bourrées, rondes et menuets, qu'êtes-vous devenus? Et vous, couples enamourés, vis-à-vis des galeries ou des pelouses,

deux-à-deux des charmilles ou des chaumes, par où vous en êtes-vous donc enfuis, tout en dansant et en vous embrassant?

Ah! comme je donnerais bien ma destinée de ce temps-ci pour avoir vécu dans le vôtre et ainsi que vous, les heureux et les aimants d'autrefois! Etant encore à l'âge où l'on gravit la côte, ce n'est pas chez moi dépit de vieillard, mais dégoût de ce que je connais, regret de ce que je n'ai point connu; et comme je me laisserais promptement glisser le long des années, s'il m'était possible et permis de recommencer une courte jennesse dans la riante société de ceux qui ne sont plus!

Au reste vous avez dû vous en apercevoir, lecteur contemporain, bien que je badine et devise volontiers avec vous, chemin faisant, je n'aime aucunement le train dont nous marchons, et je romps le pas, — ou la lance, — à chaque accident du parcours.

Non, je ne suis point réellement des vôtres. Recrue de racolage, je ne me plais point dans vos rangs. J'ai le mal du passé! C'est par erreur de date et de classement que je me trouve faire partie de votre lot de vente; aussi vous ne m'entendrez guère chanter la chanson de vos conscrits, enivrés de patrie et de lauriers, ni renchérir bêtement, avec tant de crieurs publics, sur les bonheurs et les gloires de mon siècle d'occasion. Très-certainement j'étais d'une autre fournée, et malgré la beauté matérielle du four neuf, la chaleur confortablement ménagée qu'il y fait, — et les perfectionnements industriels de la cuisson humaine, — je déplore, de tout mon vieux levain de poëte, de n'avoir pas été servi aux corbeilles des précédents banquets, — quitte à être, en ce moment, profondément enfoui dans le sein de Dieu!

Oh! que dites-vous là? Et les chemins de fer! et les télégraphes électriques! et les machines à coudre! et le percement de l'isthme de Suez! et la possibilité de la navigation aérienne! — si notre courageux ami Nadar la trouve dans les nuages et ne se brise pas les côtes en retombant avec elle!... A l'usufruit de tout ceci et de bien d'autres prodiges, vous renonceriez pour les vains carillons des siècles écoulés! — Je vous réponds que, sans doute, j'éprouve et partage vos chimiques ou dynamiques enthousiasmes. — J'ai même, dans le temps, versé pardessus un encrier plein de lyrisme; — mais, de pas en pas, je retourne à mes danseurs, — et quoique ébaubi, tout comme vous, des grandes découvertes de la journée, je ne saurais expliquer ni pourquoi ni comment, vers le soir, rien ne m'en tressaille au ventre, rien ne m'en remonte au cœur, rien ne m'en surexcite à la danse légère et abandonnée, pas plus avec la bonne qu'avec la mauvaise compagnie... Et que j'entre dans un salon garni de personnages émérites ou dans une grange foulée d'obscure populace, j'ai à peu près la même nausée dans la même pesanteur de température morale. C'est que, tout de même, aux deux pôles de notre gravitante société, il y a des poids d'or ou de cuivre, — métaux autrement plus lourds que le plomb sur les âmes! — et qui retiennent au ras du sol les causeurs comme les danseurs. Ainsi rivés, forçats à perpétuité de la galère de l'argent, marqués à l'épaule de l'effigie monétaire, nous ne pouvons plus ni danser ni rire que du bout des lèvres ou du bout des pieds!

Avec cela que nous sommes aussi vicieux que prudes! A telle enseigne que les plus lestes cancans valsent à ravir d'une oreille à l'autre, sous ces mêmes lambris où les cœurs sincèrement et subitement épris ne sauraient chuchoter sans esclandre, — et que tous les papas et maris de ces momies de vitrines, resserrées dans leurs bandelettes, s'esquivent sans bruit à la mi-soirée pour aller contempler au théâtre, lunettes braquées par-dessous jupes, le ballet d'un ossuaire impudique !

XXIII

Je n'aurais qu'à les rejoindre pour dépêcher un chapitre des plus mouvementés sur la comédie et ses spectateurs, les coulisses et leurs initiés. Là aussi, là surtout, il se fait des pas curieux à étudier ; pas glissés, battus, balancés, chassés, coupés, tournés, dérobés, tombés ; pas seuls ou pas de deux, — se compliquant après neuf mois d'exercice — de pas de trois, de quatre, etc., etc.

Il serait assurément très-piquant et très-opportun

de détailler, — planches en regard, — toutes ces figures d'avant, de pendant et d'après la danse de nos sylphides du Conservatoire, — ce parc aux biches des rois de finance... Mais je répugne à l'ouvrage. Les romanciers en vogue ayant déjà fait passer par là leur tombereau du matin, et les grésimoteurs, ou marchands d'habits-galons de la littérature errante, ne vivant encore quotidiennement que de ce qu'ils glanent dans ces vignes du démon ou de ce qu'on leur jette par les huis de ces demoiselles !

Je ne voudrais point non plus, ma plume aux doigts ou à la toque, ressembler à un danseur de corde avec son balancier ou à un premier danseur d'opéra avec son aigrette. Grand Dieu ! quand j'y pense, quelle dégradation personnelle que celle d'un homme danseur ! C'est pourtant le métier de bien des gens, et on ne les applaudit pas qu'au théâtre !

Pour moi, jouer de l'esprit ou des jambes devant

tous, sans autre but que de renforcer la claque et d'engrosser la caisse, me paraît le dernier abaissement de l'artiste comme de l'auteur. Et trop peu réfléchissent, en se lançant dans l'arène, que toute assemblée, si choisie qu'elle soit, forme toujours une masse odieuse et brutale imprimant le stigmate du déshonneur à qui se consacre avec le plus de succès aux chatouillements de ces plaisirs. C'est la meule écrasant la main de qui la meut, et le malheureux esclave, accroupi pour aiguiser le rire des multitudes, affile lui-même le glaive qui doit le retrancher du rang d'homme!

J'ai, par ces mêmes considérations, l'antipathie de tout ce qui rappelle les théâtres, exemples et modèles de la mise en scène, toujours saluée de méprisantes clameurs. Leurs vastes salles, — sauf l'avantage des orchestres exécutant de magnifiques partitions et les commodités de billards où carambolent, devant la galerie, ces soi-disant bons mots ou chansons pour rire : *Il a des bottes, Bastien; le Pied qui r'mue*, etc., approvisionnant, à eux seuls, le lendemain, tous les perroquets spirituels de France et de l'étranger ; les théâtres, dis-je, et leurs vastes salles ne sont plus, à mon avis, que des foyers de corruption et de décadence, des gouffres dorés où s'engloutissent l'art comme la vertu, et les finesses de l'âme et les délicatesses du cœur!...

Ah ! c'est si vrai ce que j'avance là à brûle-feu des acteurs, que vous n'avez qu'à essayer de *mettre en pièce* ce que vous avez de plus cher, de plus noble, de plus doux et de plus précieux, de plus intime et de plus élevé dans vos rêves; que vous n'avez qu'à paraître ainsi revêtu, — ou plutôt ainsi déshabillé des lieux communs et des pendeloques fripés du vestiaire, — l'âme nue et le cœur aux nuées, pour faire hennir, grogner, miauler, japper, bêler, coasser et — siffler le public grouillant du parterre au paradis !

Ce que demandent les peuples déchus et avides de spectacles, ce sont de grands drames bien charpentés ou de grosses farces bien entrelardées; ou encore des copies réalistes faites en charges comme les décors, ou des reproductions photographiques opérées à la minute comme des changements de tableaux. Permis, en plus, aux faiseurs renommés, de modeler parfois quelques types hybrides, en partie d'après leurs fantaisies mesquines, en partie d'après les vulgaires natures de l'actualité palpitante, pourvu, avant tout, que les actrices soient nombreuses, qu'on puisse les voir en grande toilette, — leurs ceintures chastement bouclées de diamants, — mais le dessus ou le dessous du *panier* — à discrétion !

Sort lamentable ! — je ne traite pas de ces

femmes — j'entends des efforts d'adaptation scénique où, dans la frénésie des spectacles, l'on s'oublie jusqu'à violer criminellement certaines œuvres dont le principal attrait est justement de n'être point faites pour les grossières joies de la débauche théâtrale et dont le charme réside tout entier dans les contemplations de l'invisible, dans les fines perspectives de la description et dans les délicats et indéterminables dessins de l'expression !

Destin lamentable de ces jeunes talents qui se précipitent pêle-mêle afin de charrier un peu d'or sonnant et de réputation bruyante — sous les pieds cornés du bétail assistant !

Lamentable chute de ceux-là encore, vieux bardes tombés en enfance et qui, par une puérile et banale vanité, veulent aussi avoir leur nom imprimé sur l'affiche et leur profil collé sur la toile !

Ahuris d'affaires, hébétés de lucre, ne lisant plus, ne méditant plus, n'ayant plus une heure à consacrer aux sérénités individuelles de la pensée, et incroyablement fats, — hautains de toute la longueur de leur platitude, — nos beaux messires se ruent, chaque soir, dans les théâtres comme à leur écurie de prélassement, payant eux-mêmes à bénéfice le foin et l'avoine dont regorgent leurs mangeoires, — et ils mâchent, et ils dégustent en connaisseurs! il faut voir, il faut entendre! Enfin leurs palefreniers sont contents; tout le monde se porte bien, et eux, les éleveurs, ils font fortune à force d'étriller la croupe des ***Martin-Jean!***

Bon! l'on va me prendre pour un refusé de comédie, maudissant encore ses juges vingt-quatre heures après sa condamnation. Je ne suis cependant qu'un transfuge de l'armée manœuvrante, et je m'en félicite si gaiement tous les jours, que je danse, — non devant l'Arche de Noë du seigneur Public, — mais en petit comité, au milieu de vous, chers amis de ma botte vagabonde; et pour ne pas être seul à faire ma partie, je m'en vais vous présenter un pied tout autrement agile que le mien.

XXIV

Je ne fis que l'entrevoir au moment où il s'escamota lui-même dans un bouillonnement de guipures volantes à la portière trop promptement refermée d'un splendide équipage; je ne vis pas son frère jumeau qui s'était déjà plongé dans les coussins, lorsque je passais en me serrant si proche des roues que je faillis être pincé par la grande tourneuse de l'arrière — comme un nageur qui aurait

fait une brasse imprudente du côté du moulin : entraînement d'une meunière ou d'une duchesse, c'est toujours pour la beauté que nous jetons ainsi notre vie à l'eau du hasard, — pauvres chiens qui croyons saisir un friand morceau et ne rapportons, le plus souvent, que des pierres !

Je ne vis pas son frère jumeau ; en revanche, et à l'aide d'une bouffée du même vent qui favorise les navigateurs, j'entrevis un peu plus que la cheville de ce pied fuyant et que je voudrais bien rattraper et tenir ici sur cette page, où, sans la couvrir du quart, il m'épargnerait le quadruple de sa peinture en épithètes et adjectifs élogieux : tout serait dit s'il était là ! Ce qui démontre péremptoirement l'infériorité de la langue à certains pieds. Bien que dame Nature ait donné à celle-là la place supérieure du battant dans notre clocher vivant et parlant, je soutiens que la meilleure sonnerie appartient à ceux-ci, de dimension presque pareille, sous le véritable bourdon d'une jupe renversée !...

Et, m'inclinant de même, j'avais saisi l'attache du pied à une jambe, doucement renflée comme la colonne d'un temple attique. Peut-être même avais-je constaté plus encore ; en tous cas je ne dois pas le révéler ; ce serait franchir, sans passe-port, les limites de mon sujet. A la jarretière je m'arrête comme à la frontière la plus éloignée où il soit permis à une main humaine de s'égarer en touchant un pied féminin.

Le principal est que durant quinze grands jours je n'eus en tête que ce pied charmant, — pied de Cendrillon, — petit à l'impossible : et l'impossibilité de le rencontrer, lui qui n'allait assurément qu'en carrosse, ou de le revoir, lui qui pouvait être la nue propriété de quelque étrangère galvaudant du Nord au Sud ou de l'Occident à l'Orient, cette impossibilité attenant à l'impression, — comme le manche au marteau, — me frappa si cruellement que je sentis peu à peu ce même pied, aiguisé du bout, évasé du coude, m'entrer graduellement dans la cervelle comme un coin dans le bois ; et il entrait, il entrait tous les jours plus avant !... il me fendit jusqu'au cœur !

Naturellement la jambe suivit le pied, et toute la personne vint d'ensemble s'emparer de moi et s'y redresser comme une idole sur son socle préparé et dans sa niche consacrée ! Voilée cependant encore de la même draperie dont on recouvre les œuvres inachevées, et n'ayant de nettement visible que le pied aperçu dans sa précipitation de la chaussée à la voiture et de la voiture au char de feu de mes désirs ! Le tout avait été si rapide que je ne savais pas même quel visage et quel corps surmontaient le bienheureux escarpin dont la disparition m'avait laissé vibrant, ainsi que la branche que vient d'effleurer le vol de l'hirondelle.

Or — à quinzaine de cet événement, — dans un grand dîner où je prenais place, trop amoureux pour avoir faim et trop préoccupé pour être dans mon assiette ordinaire, — inactif et distrait, je m'étendais, je m'étirais de mal-être et de désœuvrement par-dessous la table, quand... ô miracle des sensations transportées et ramassées en un clin d'œil à une même extrémité! — je frôlai de ma botte un pied de femme que subitement je reconnus au seul contact :

C'était *lui!*

C'était *elle!*

Il se retira noir dans son ombre; elle se redressa pâlissant dans sa blancheur; mais je les avais l'un et l'autre en face de moi, et je pouvais leur signifier mes intentions à tous deux à travers les damas et les soieries, les fleurs et les cristaux.

Y a-t-il festin des dieux comparable à celui-là, où l'on boit, — où l'on voit, — au fond même de son verre, à chaque fois qu'on le vide, une beauté secrètement adorée et publiquement maintenue sous le regard dans tout le rayonnement de ses grâces et dans tout l'épanouissement de ses chairs!

O le front marmoréen! ô les paupières ombreuses! ô les tempes massées de boucles échevelées! ô le nez virginalement droit! ô la bouche en fleur fraîche éclose! ô les épaules de neiges tombantes! ô les seins soulevant, par flux et reflux, leurs ondes prisonnières!... — O le pied, premier aimé, et qu'il me faut rejoindre, à présent, en faisant tout un voyage d'exploration sous la table!...

On en sortit trois heures après; on se leva très-animés, et, comme vous n'en serez pas surpris, j'offris aussitôt mon bras à la belle convive, qui accepta en relevant négligemment sa longue robe traînante, à la façon des femmes d'Andrea del Sarto. Baissant alors, avec elle, modestement les yeux, j'eus tout le loisir d'apprécier l'exquise proportion de ce pied séducteur, lacé et cambré comme un corsage, et qui alternait si gentiment avec son frère rival, à chaque pas vers les salons, comme pour m'encourager à avancer aussi un mot l'un après l'autre dans les falbalas d'une conversation décousue. Déjà je m'entortillais passablement et j'allais bon train toutefois... Nous traversions un grand vestibule, et du croisement de nos mains

gantées comme de la désunion constante de ses petits brodequins, je me complaisais à tirer les plus agréables augures! — Malheureusement, on arrivait à la pressée des portes, où un lourdeau maladroit voulant me précéder marcha rudement et de tout son poids sur ma botte... — Sacrebleu! faites donc... attention! — Mais je me retins de dire *attention;* l'abominable lourdaud était le mari lui-même, et c'est bien le moins qu'un larron, pris par la patte, s'abstienne de crier : Au voleur!

XXV

Tâchons un peu maintenant de faire amende honorable et de demander pardon au ciel de toutes ces gaudrioles et cabrioles de ma muse pédestre en tournée mondaine.

Il est de faux dévots, de l'espèce cuistre, qui affecteront certainement de ne pas comprendre que j'ose mettre les pieds sur leur terrain après toutes mes équipées en bottes à l'écuyère, et conservant encore entre mes doigts la cravache de la satire — pour les cingler au besoin. Mais ce n'est pas aux donneurs d'eau bénite que j'en veux lorsque j'entre à l'église, et leur bonnet de soie noire

renfoncé jusqu'aux sourcils ne m'en impose nullement. Les gaillards! je les ai revus, leur collecte ramassée, expédier par-dessus la croix de leur dôme ces mêmes bonnets d'*office*, et, subitement rajeunis, s'empresser de joindre ailleurs leurs mains tout autrement suppliantes!

Arrière, bonshommes de cire! c'est le vrai Dieu que je demande. Est-il chez lui? est-il visible et peut-on lui parler? — Sonnette de la prière, ne casses-tu pas quelquefois à notre trop forte secousse, fournissant toi-même la corde dont se pendent les plus désespérés?

Cependant, impartial dans mon enquête, je serais tout aussi bien disposé à me déchausser présentement et à me rendre, pieds nus, en pèlerinage à la Mecque, où à me faire voiturer au Vatican dans la berline ouatée et à quatre chevaux d'un cardinal rubicond, pour y baiser humblement et à genoux la mule du Saint-Père, si je n'avais encore plus simple et meilleur compte de mes pas à suivre, — même de si loin que je le perds souvent de vue, — les traces de Celui qui est la voie, la vérité et la vie! Celui-là, dont, m'approchant, je ne serais point digne de resserrer l'attache de ses souliers! Celui-là même dont les pieds, évangélisant la paix, sont beaux comme aux premiers jours sur les sommets de la sainte Montagne!

Pieds du Bon et du Juste que la Madeleine arrosa de ses larmes, essuya de ses cheveux et parfuma du vase brisé de son cœur! Pieds qui passèrent en faisant le bien, et que les prêtres et les princes d'alors clouèrent au pilori du Calvaire sans s'apercevoir qu'ils faisaient de ses blessures jaillir le sang comme la lumière d'une rouge aurore sur notre ténébreux univers.

Tout mon culte est dans l'admiration de ces pieds-là! toute ma foi est dans l'amour de leur entraînement!... et, comme le valet qui marchait au milieu des neiges derrière le saint de la légende, lorsque dans les grands froids de la vie je réussis à poser mon pied là où Jésus-Christ a laissé la marque des siens, j'éprouve, remontant aussitôt tout mon être, une fortifiante chaleur!

XXVI

« Qu'est-ce que l'homme dans l'infini » et qui nous en expliquera l'origine ? De tous les échafaudages par nous construits aux bords escarpés de l'insondable mystère, en est-il un seul qui ne s'enfonce sous le pied qui sérieusement l'essaye ?

Hardis penseurs, et vous, fidèles ingénieux, vous flattez-vous donc d'assurer vos pailles ou vos poutres en travers de cet abîme ?

C'est vous cependant, — les mieux inspirés, — qui attribuez la foudroyante origine du mal dans le pur espace à une révolte insensée d'anges purs eux-mêmes, alors qu'il ne pouvait y avoir absolument ni l'ombre d'un tentateur, ni le germe d'une tentation, sans supposer un mal encore plus antérieur, — cancer caché de Dieu ! Vous qui nous faites innocents, — venus ensuite, — effroyablement solidaires d'une désobéissance puérile, damnés par milliards, et avant notre naissance même, pour un pepin de pomme ! Vous, qui nous montrez encore les éternels supplices d'une autre vie du milieu des transes et des tortures de celle-ci, où nous sommes tombés, sans consentement et sans choix, dans des corps de rencontre, et dans des destinées tout opposées à nos tendances natives ! Vous, qui nous

taillez enfin, sur le patron de notre infime personnalité, un père à la fois pâtissant et impassible, ou un juge à grosses lunettes bleues, dans le ciel accoudé, tatillonneur et méticuleux comme un teneur de livres [1] ! Vous qui, par-dessus ces premières hypothèses, bases de foi, vous hâtez d'asseoir l'obscur enchevêtrement de vos dogmes et de vos principes, bâtissant ainsi, sur pilotis flottants, vos chaires et vos temples, vos autels et vos tombeaux!... Ah! que tout cela fléchit lorsqu'on y réfléchit! ah! que tout cela culbute lorsqu'on s'y bute!... comme tout s'écroule et roule au fond lorsqu'on s'avance d'un pas jusqu'au pourquoi des pourquoi!...

Aussi bien, retombant dans mes bottes des cimes desséchées et insoutenables de toutes ces branches, péripatéticiennement agitées, je fais comme l'enfant grimpé dans le grand arbre où il se flattait de surprendre *la pie au nid*, et qui, sentant à leurs extré-

---

[1] Je n'aime pas plus les renvois au bas des pages que les ressemelages au-dessous des bottes, et cependant, pour consolider les miennes sur ces rocailleux escarpements, je dois citer, en note à l'appui, la réponse d'un saint évêque à son grand vicaire — lequel hochait de la tête en émettant des doutes sur le salut d'un brave prêtre peu orthodoxe et audacieux prêcheur : — « Heureusement que le bon Dieu n'est pas théologien! » Parole immense! et qui vaut à elle seule toute la *Somme* de saint Thomas d'Aquin!

mités trop frêles les rameaux vacillants menacer de rompre sous lui, — lâche pied et se laisse choir, paupières fermées, dans l'herbe et les fleurs du sentier où il se reprend à folâtrer.

L'herbe des moissons pousse verte et vive tous les ans ; tous les ans le fruit des floraisons se détache, succulent et mûr, — ceci est le fait incontestable ; — et qu'avons-nous besoin de savoir en plus ? — Merci, grand inconnu, X algébrique des mondes, qui, sans rien dire, vêtissez et nourrissez le corps dans l'équation présente ! plus tard, à la formule suivante, ce sera le tour des âmes *dégagées* d'être par vous chaudement revêtues et abreuvées lumineusement !

Ainsi, calme et confiant, résolu désormais à ne plus m'exposer aux ascensions inutiles, je poursuis ma flânerie du sentier à la route et, avec vous, lecteur, si ma botte vous en dit.

XXVII

Prenez mon pas et cheminons de compagnie du côté de la ville. Il fait bon converser tout en marchant, et, soit ébranlement des esprits vitaux, soit transformation des aspects extérieurs, les idées et leurs expressions abondent comme au lever d'une écluse sur les lèvres de ceux qui font route en piétons amis.

La route elle-même, — en cela qu'elle est route,

— c'est-à-dire bande de contour, ruban de conduite par où tous, grands et petits, riches ou pauvres, doux ou méchants, activent également leurs pas, vaut, à mon sens, un long traité de philosophie pratique... Il n'y a qu'à la dérouler, à la manière des anciens papyrus, pour y lire, tout haut et tout droit, lieue par lieue.

N'est-ce point chose méditative et récitative entre tant que cette ligne de traînée des fourmis humaines qui contourne, ondule, descend, remonte, traverse en biais les plaines, escalade en raies les monts, va ou mène dans tous les recoins de la terre, reliant, comme d'une chaîne, les hameaux, les bourgs, les villages, — ces grains de chapelet, — et se nouant aux cités, — ces *Gloria Patri* de la civilisation?

Qui a tracé de son orteil telle ou telle voie dans les solitudes, par tous à sa suite envahies? Qui, le premier, a, d'un pied aventureux, imprimé sa direction à des multitudes depuis lors multipliées au creux de cette sombre vallée ou chevauchant sans cesse au col de ces fiers sommets? Qui, ayant ahané tout son jour, s'est assis là ou là, avec sa femme ou ses enfants, près de la flaque d'eau de cette bruyère déserte ou sur la rive inexplorée de ce fleuve limoneux, là — où nous abordons maintenant par la grande route impériale, là—où nous avons, à l'heure qui vibre au beffroi, et dans un prodigieux fouillis d'hommes et de pierres, — le banc de notre dernière solidification et le banquier de notre prochaine liquidation?

A l'orée de ce bois, à la marge de cette lande, quelqu'un remarque le sol foulé ou le gazon couché; timidement, il s'y risque; — un marmot ou un chien avaient peut-être pris par là avant lui... après lui un autre n'hésite plus... mille autres bientôt ne sauraient s'y tromper! déjà les arbustes avoisinant ont été écartés; la végétation tapissante a été refoulée : nue et durcie, la peau terrestre s'est peu à peu tendue sur l'os du rocher dans tout le trajet où les pas l'ont tannée; étroite place d'abord, mince comme un ourlet, on s'y rangeait à la file, on y piétinait, resserrés entre les bras épineux des rosacées et les têtes hérissées des chênes... mais petit à petit l'oiseau fait son nid et les créatures leur chemin. On pioche, on arrache, on nivelle, on exhausse;

un beau matin, à l'ouverture du tracé, on plante un poteau de grande communication : c'est écrit! et bêtes et gens du même cours virent et tournent au pied de ce poteau comme s'il datait du déluge!

A nous deux, lecteur, et à notre tour avançons un peu sur cette large route, dès longtemps viable, où nous devons encore faire quelques pas à la fortune du pied.

Alerte et saluez! — c'est un laborieux qui s'approche; un compagnon du tour de France, son sac d'outils sur le dos, affublé d'une blouse bleuie et délavée comme un ciel d'octobre; le visage pâle de faim et de lassitude, le pied poudreux, la démarche saccadée par le tremblement nerveux de ses veilles prolongées. Il a de larges semelles ferrées de clous carrés, entêtés, et qui laissent derrière eux, sur la glaise ou sur la poussière, de profondes significations que d'autres vont intersecter par surcharge, — ainsi que les gouttes de pluie entrecoupent leurs rides circulaires à la surface des fleuves, — emblème mouvant des successifs effacements de la vie!

Saluez plus encore! — c'est un paysan qui s'avance lentement, les pieds engagés dans de gros sabots retentissants; culotte de velours écrasé, chemise de toile écrue; le chef blanchi et branlant; bêche balancée dans sa main calleuse de terre... Il ne fait guère que traverser diagonalement la route pour se rendre, par des chemins à lui connus, creusés et ombrés sous les guérets, aux divers travaux de sa culture. Tantôt, de plus loin, nous le reverrons sur un des pans

du coteau, courbé ou penché, sarclant ses ceps ou poussant sa charrue, ou bien encore, redressé et marchant d'un pas magnifique, lui, — l'humble et le las, — en distribuant d'un geste de Dieu les semailles aux sillons qu'il a lui-même déchirés !

Mais pouvons-nous dévisager tous ceux-là qui passent et nous dépassent, se succédant comme sur un verre de lanterne magique éclairé du soleil ? — C'est un soldat avec ses guêtres grises et son shako briqueté, en hâte de rejoindre à temps le drapeau de son régiment et de se faire tuer, dans son honneur obscur, à la défense des frontières ou à la plus grande gloire de son souverain bien portant; c'est un colporteur, trimant sous sa valise, et qui va répandre, en l'ouvrant au milieu des naïves populations des campagnes, tous les maux de la nouvelle Pandore qui s'appelle la publicité, empestant l'azur des esprits de ces produits annuels dont le cerveau parisien spécule journellement sur la bourse provinciale; c'est un charlatan avec ses carrosses; c'est un roulier avec

ses charrettes ; c'est un berger des pâturages pourchassant à coups de gaule, dans un immense

tourbillon de poussière, ses brebis soumises ou ses porcs récalcitrants ; c'est un facteur rural classant dans sa gibecière, tout en tortillant, les lettres trop

attendues et les journaux trop étendus ; c'est une vieille centenaire, en chaussons et en squenée rapetassée, par le milieu voûtée et qui, ployant sous son faix de ramées, se ravale encore à chaque brindille qu'elle avise; c'est une petite, pieds au vif

exposés, à peine vêtue, rose et chiffonnée comme un œillet des blés, luttant avec sa vache gourmande sur le fossé roidie; c'est une jeune fille à l'œil noir comme le fond du puits et qui, sa cruche au bras, se dirige rêveuse et souriante vers la margelle de la source,

où bien sûr elle cherchera son reflet avant que de troubler le miroir de l'eau; c'est

une laitière aux yeux bleus comme les lointains, pot sur tête et pas à l'amble, se démenant et se déhanchant pour arriver à son heure au marché :

> Légère et court vêtue elle allait à grands pas,
> Ayant mis ce jour-là, pour être plus agile,
> Cotillon simple et souliers plats.

Et plus proche nous gagnons la ville, plus la circulation se complique et se confond ; au centre, cependant, les chevaux de toutes corvées ; sur les côtés, les hommes et les femmes de tous rangs avec leurs fardeaux visibles ou secrets, chacun selon son port et son allure, celui-ci visant à l'horizon, celle-là au bout de son pied ; cet autre poignets au dos, cette autre mains ballantes. On devine à peu près, à les voir tailler différemment leur chemin, quels sont les forts ou les faibles, les maîtres ou les serviteurs, les fainéants ou les affairés, les vaillants ou les traînards, celui qui est heureux de se savoir vivre ou celui qui se contente de s'empêcher de mourir, — l'orgueil ou l'abattement, l'entrain ou la langueur ayant leurs annotations sensibles au trait du pied comme au trait du visage de chacun.

Il serait plus difficile de vouloir pénétrer dans la conscience de tous ces passants problématiques, et l'on s'exposerait à d'étranges erreurs en entreprenant de démêler dans leur pas ceux qu'accélère la pensée du bien de ceux que précipite l'idée du mal; ceux qui se font doucement, par bonhomie, de ceux qui se font sans bruit, par calcul. — La marche d'un filou, avant le délit, est-elle si distincte de celle d'un spéculateur, opération réussie? et la course d'un citoyen qui porte secours quelque part diffère-t-elle beaucoup de celle d'un repris de justice qui parvient à s'échapper? Les pas du

meurtre ou de l'amour ont même légèreté, mêmes embuscades dans leurs couloirs, et tiennent le pavé tout aussi près du mur les pieds du crétin ou du faquin, l'un plein de son innocence, l'autre regorgeant de son mérite.

Nous atteignons enfin aux portes de la cité. — Observez, je vous prie, avant que d'y entrer, et comme une singulière exception, le cordier qui marche à reculons tout en tordant son chanvre autour de ses reins affermis. — Pauvre écrevisse de misère ! ne semble-t-il pas avoir pris, sur la route même, et à dessein, le contre-pied ou le contre-sens de l'activité commune ? — A l'opposé

de lui, tous, en effet, se dégagent de leur corde et tirent de l'avant le plus qu'ils peuvent ; tous filent leur existence en dévidant et en dévalant librement à l'aventure... lui, plus prudent, il s'attache à son œuvre commencée, et, tournant le dos à tout le reste, s'enroulant comme la chenille à ce qu'il façonne, il se recule, sans cesser de corder, pour mieux voir ! — Oui, très-bien ! — Ah ! Dieu ! la corde casse !...

Lequel est donc préférable, sur la grande route des mortels, d'aller, sage ou fou, les reins ceints ou les jambes au cou, — pour chuter sur la nuque quand se rompt la corde du devoir, ou sur le nez quand on la lâche, dans l'imprévu d'une pierre d'achoppement?...

Cependant nous avons quitté la route pour la rue! Quel désordre et quelle presse! autant les nébuleuses de la voie lactée; êtres et astres paraissent se toucher et se tenir dans un même sillage; mais, des uns aux autres, peut-on seulement calculer les distances! et que de buts opposés poursuivis par un même chemin!

Isolement dans les foules! mystère à grand écart du frottement apparent des destinées! éphémère mouvement d'une rue d'où s'échappent, comme les cheveux coupés d'une même tresse, les innombrables et inconsistantes individualités que le sort balaye à tous les vents!

Et tous, sans que nos racines isolées puissent s'entrelacer sous le cuir de ce crâne bossué que représente le globe, nous nous lissons, nous nous groupons, nous nous frisons à la mode du temps!

Ah! que fait aux restants ceux qui disparaissent arrachés ou manquant de séve, ceux qui brûlent ou ceux qui blanchissent?... L'indifférence et l'insouciance sont les deux coiffures de jour et de nuit de cette tête colossale que l'humanité garnit, malgré ses pertes continuelles, d'une épaississante chevelure!...

Néanmoins, tout en nous quittant, lecteur, remarquez encore par quelle banale et sublime formule nous savons nous aborder en nous retrouvant de connaissance par nos routes ou dans nos rues; — elle est aussi invariable qu'universelle. — Simultanément : « Comment allez-vous? » — Réponse à deux voix : — « Pas mal, et vous? » ALLER, c'est donc là le tout de l'homme? Mais encore — où? — Où allons-nous quand nous n'allons plus?

XXVIII

Vous me rejoignez à l'autre bout de cette page et de cette rue où nous sommes ensemble arrivés, et vous voyez présentement dans quelle situation je suis... un pied posé sur la caisse du décrotteur, qui me brosse à tour de rôle bottes et pantalon. L'homme admirable ! qui, pour deux sous la paire, agenouillé devant ma grandeur, s'abaisse jusqu'à curer la poussière ou à nettoyer la boue de

mes pas ! Il fait si bravement sa besogne prosternante, et sans y apporter l'indiscrète curiosité qu'il serait si bien en droit ou en place d'exercer ! Ne pourrait-il quelquefois, relevant sa tête fauve et dardant tout à coup ses yeux interrogateurs sur celui qui fièrement lui tend sa semelle souillée, le forcer de rougir et de se courber à son tour!... Il ne se permet pas même de soupçonner les pieds de ses pratiques, et il les brosse et il les absout toutes également ; — qu'elles repartent en paix, et qu'elles lui reviennent à nouveau empêtrées ; lui, bon apôtre, ne demande pas mieux. C'est l'affaire d'un tour de main : le cirage repasse là-dessus, le brillant y rejette son reflet, et tout le reste rentre et disparaît au fond de la boîte à encre.

Cette boîte, — inclinée comme un pupitre, — vaut une tribune cependant; j'aurais dû m'y établir pour prononcer d'autorité mon discours sur les pas et les passants. Les sujets se seraient d'eux-mêmes présentés à ma barre, tout retroussés, et les brossant de la bonne manière avec les barbes de ma plume, j'aurais en outre bénéficié d'un pourboire à la santé de chacun.

L'unique inconvénient de ce poste d'observation, c'est que le décrotteur du coin étant par le même service commissionnaire à gages, il s'ensuit que le premier venu, au lieu de s'unir à lui par le pied, peut, d'un mot, l'envoyer promener, — à l'encontre d'un colis, ou à la recherche d'une mademoiselle Luna, — nom de pure fantaisie, — laquelle change de quartier aussi souvent que d'Endymion.

Ce qui signifie que je préfère encore être, comme

je suis réellement, installé dans une chambre et cirant en amateur les pieds de ces ombres comiques ou sévères dont ma ruelle est encombrée depuis ce matin.

Encore que toutes ne s'arrêtent pas pour hisser leurs souliers ou leurs bottes sur mon escabeau! Combien de malheureux n'ont cure de l'élégance de leurs chausses; combien qui n'en possèdent même pas, ou en ont de tellement squalides ou sordides, que ce serait repeindre des barques naufragées sur le sable et faisant eau par tous les pores que de vouloir les radouber!

XXIX

« Considérant le pauvre mendiant à ma porte, souvent plus enjoué et plus sain que moi, je me plante en sa place : j'essaye de chausser mon âme à son biais. » Ces paroles, — mes frères, — sont du grand Michel, livre I, chapitre XXXVIII, pag. 24 (édition Coste), et il ne tiendrait qu'à moi de vous faire un sermon sur ce texte, si je ne craignais de voir bientôt vos talons, ou de vous endormir, séance tenante, comme des sabots.

Il serait pourtant profitable de suivre — de ma fenêtre, — et avec vous, ces misérables qui n'ont ni feux ni lieux, ni chapeau ni soulier, et sur lesquels nous croyons insolemment avoir partout le pas de préséance.

Parce que nous les avons quelquefois surpris chancelant d'ivresse, — en soif d'oubli, — entre les ornières et les ruisseaux, un pied ou deux dans la vigne du Seigneur; parce que, frileux et affamés manquant du vivre et du couvert, devant nous ils se sont roulés et vautrés dans nos rebuts et dans leurs guenilles, nous leur assignons l'arrière-train de la bande et les reléguons après les vieux et les petits, les femmes malades et les infirmes béquillants!

Infortunés! qui tous ne sentent que trop où le bât les blesse, et qui, ayant toujours une pierre dans leurs souliers, ne savent jamais ce que c'est que d'avoir du foin dans leurs bottes!

Mais peut-on nommer bottes ou souliers les ligatures pédestres de tous ces va-nu-pieds de la terre?

Les avez-vous regardés d'un peu près lorsqu'ils s'étalent au soleil sur la berge de nos voies publiques ou lorsqu'ils s'étirent au foyer de nos cuisines hospitalières, — chauffant, l'été, leurs chevilles dénudées au tison flamboyant de Dieu, ou faisant fumer,

l'hiver, leurs plantes élargies à la braise clignotante du riche? Les avez-vous contemplés, ces talons vulnérables qu'ont percés les épines aiguës du malheur ? Les avez-vous vénérées, ces sandales rognées qu'ont usées les poids accrus de la souffrance ?

Si vous ne l'avez fait, hâtez-vous, — je vous le conseille, — tandis qu'il en est temps encore ! Prosternez-vous vivement aux pieds d'une douzaine de ces mendiants couronnés martyrs ; déliez précieusement leurs entraves comme si vous touchiez à des reliques de saints : et ces pieds, mis à nu, noirs, déformés, nauséabonds, lavez-les, au nom de la charité !

Et puisse, un jour, cette même eau de purification vous être, — au baptistère des cieux, — efficacement reversée sur la tête !

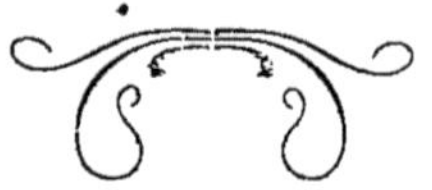

XXX

Car nos souliers, comme nos bottes, témoigneront pour ou contre nous : ***Pensez-y bien!...*** tous nos pas décalquent de l'autre côté ; tous nos pas sont les points d'une broderie que nous travaillons à l'envers, et lorsque nous descendrons un pied dans la tombe, ce ne nous sera pas d'un médiocre secours que de retrouver, à l'endroit même de notre propre étoffe, les pas tissés, en merveilleux dessins, de ceux que nous aurons abrités et assistés.

O lugubre enchaînement de mes pensées ! il faut en arriver là après toutes mes gambades ; en arriver à la fin dernière, — à *l'article* de la mort, — et comme disent les Écritures, au *Porrho unum est necessarium omnes homines semel mori!* — PORRHO que vous n'avez aucune urgence de comprendre, chère belle, — bien qu'il soit à son heure crânement terrible à avaler, et d'autant que oncques ne boit-on sa tasse de bouillon par-dessus.

Hélas ! il le faut ! il faut que je descelle quelque vieille armoire ou que je vous amène devant l'échoppe de quelque vieux savetier pour achever de vous prêcher d'exemple — en vous montrant, comme Hamlet à Horatio, — toutes ces chaussures vides, ridées, ternies, éculées, écrasées, contournées, perforées, désabusées et grimaçantes de ce rire de cimetière qui donne la chair froide aux vivants !

(VARIANTE DE LA SCÈNE D'*ELSENEUR*.)

HAMLET.

Il fut un temps où ce soulier avait un pied et marchait, et voilà qu'en fouillant dans l'armoire d'un grenier une ex-servante du défunt le fait dégringoler les quatre fers en l'air, comme s'il était la chaussure de Caïn, le premier homicide. L'empeigne que cette fille traite avec si peu de cérémonie était peut-être celle d'un ambitieux qui, le pied à l'étrier et en rage d'avancement, se croyait capable d'arriver jusqu'à Dieu même. N'est-il pas vrai?

HORATIO.

C'est possible, monseigneur.

HAMLET.

Ou ce pouvait être celle d'un homme de bonne compagnie qui excellait à dire, courbant l'échine et retirant le pied : « Salut, Monsieur ! comment se porte Monsieur ? » C'était aussi bien la chaussure d'un galantin qui vantait la poulaine d'une madame en guettant le moment de dégorger en holocauste un poulet d'amour à ses pieds. — N'est-il pas vrai ?

HORATIO.

Oui, monseigneur.

HAMLET.

Oui, c'est cela ; et maintenant elle appartient aux rats ; elle n'est plus qu'une peau racornie, et une servante l'aplatit encore d'un coup de pelle en la remuant dans un tas de décombres. L'étrange révolution ! on joue à la savate avec ces babouches comme si elles n'avaient pas assez battu la semelle sur toutes les latitudes de ce monde ! Les miennes m'en resserrent le pied d'effroi.

(Et plus loin.)

HAMLET.

En voici une autre paire suspendue à l'étalage de cette échoppe ; qui peut savoir si elle n'a pas servi à quelque huissier? — Où en est-il le zélé compère, avec ses assignations à domicile, ses démarches au Palais et ses réquisitions de la force armée? Comment souffre-t-il que ses souliers eux-mêmes restent consignés, accrochés au clou, exposés à la risée des vents et au maillet de ce retapeur? — Que ne lui intente-t-il une action en restitution, dans la huitaine, pour voie de faits et sévices, comme détournement d'espèces ou abus de dépôt, avec dommages-intérêts?

Qui sait? celle-ci pouvait être à la belle mesure d'un gros accapareur de biens-fonds, grand arpenteur de domaines; à son tour aisément arpenté!... il a, du moins, le privilége de sentir ses bottes figurant des bornes au-dessus de lui! Eh quoi! de toutes ses acquisitions si soigneusement garanties, n'a-t-il conservé qu'un espace à peine long comme deux de ses pas? C'est tout ce qui est alloué au propriétaire que la mort déchausse, en lui coupant son herbe sous le pied!

HORATIO.

Pas davantage, monseigneur.

HAMLET.

Ne fait-on pas les chaussures avec des peaux de mouton?

HORATIO.

Oui, monseigneur, et aussi avec des peaux de veau.

HAMLET.

Ce sont des moutons et des veaux que ceux qui ont foi dans la solidité de leurs semelles.

Mais je ne continuerai point sur toute la ligne un si étrange parallèle. N'êtes-vous pas vous-même étonné et ému des rapports existant entre le crâne et la chaussure des morts : l'un abandonné par la pensée, l'autre délaissé par l'action ; l'un qui dirigeait, l'autre qui exécutait dans le gouvernement de la même personne ?

Prenez pareillement le soulier d'Yorik, — le fou du roi jadis, — le fou du peuple aujourd'hui, — un plaisant rieur que vous avez connu — et monologuez d'abondance sur la physionomie de ce soulier qui, de piquant et craquant qu'il était, — si prompt à se lever pour la valse ou la discussion, et ne se gênant guère quant au choix du lieu où il plaçait sa pointe ou sa réplique, — s'ouvre à présent, immobile et muet, comme une bouche stupéfiée d'horreur ! Qu'il aille, tel qu'il est, avachi et moisi, dans le boudoir de la beauté du jour, celle-là même qui aimait, hier, son maître enseveli, et qu'il lui dise qu'elle a beau faire, dût-elle monter sur ses plus hauts talons, il faudra qu'elle les laisse à côté de ceux-ci!

Ainsi, bottes et bottines nous survivent en gardant le pli de notre attitude et l'accentuation de notre marche. D'autres, malgré cela, les attendent pour s'en chausser après nous et les ajuster au mouvement de leurs pieds : comme on porte des perruques, il y en a qui reportent nos chaussures; il y en a qui les utilisent un quart d'heure après notre disparition, et qui font ébouler le sol en s'approchant avec elles trop au bord de notre chausse-trape!

Il y en a qui ne patientent même point que nous soyons sortis les pieds en avant, — nous entrés dans la vie la tête en bas, — pour se précipiter sur nos bottes fourrées et les dévaliser à fond de cale!

Il y en a encore, — et des meilleures, — qui, avant même d'avoir le moindrement transpercé, — comme était leur cœur, — les brodequins de deuil dont elles ont suivi notre convoi, en entrecoupant de sanglots les chants du *De profundis*, — convolent radieuses, leurs mules élégamment bouclées, à de nouveaux liens conjugaux!

En définitive, rien ne prête plus à la mélancolie et aux méditations dernières qu'une tige de cuir renversée dans un coffre ou qu'une galoche gisante sur un talus !

Anachorètes du temps passé, qu'aviez-vous besoin de vous renfermer dans vos grottes et vos cellules avec une tête ou un tibia pour vous pénétrer de l'inanité de la vie? — un seul clou, arraché d'un soulier d'héritage, eût suffi à vous river l'éternité dans les entrailles!

Considérant, après tout, que le corps n'est que l'indigne et alourdissante chaussure dont l'âme se débarrasse pour entrer et monter, libre et légère, au céleste parvis, ne dirait-on pas que la vieille mort est aussi bonne savetière qu'excellente faucheuse, et ne pourrait-on point remplacer son sablier à entonnoir diminuant par une lampe à globe grossissant, et sa faux par un tranchet?

Demandez-lui donc, — grands songe-creux et soupeseurs de choses creuses, — dans quelle contrée elle débite toute sa marchandise? — La raccommode-t-elle, la remet-elle à la forme comme les chapelières, ou la revend-elle en bloc à un prix de fumage qui vaille la peine de son commerce? — Elle qui, faisant argent de tout, s'empare non sans coup férir, — qu'on soit prophète ou philosophe, — de la sandale de Moïse au buisson ardent et de la savate d'Empédocle au volcan de l'Etna !

XXXI

J'ai fini. Comme le chiffonnier, après sa tournée nocturne, décharge le contenu de sa hotte, je vide ma botte après ma journée d'enquête — lanterne de Diogène à la main.

Mais la plus belle botte ne peut donner que ce qu'elle a, et, le soir venu, je me sens harassé comme l'autre à son matin, n'ayant presque pas discontinué d'écrire ou de dessiner en furetant — dans mes chiffons.

Plusieurs fois des importuns ont tenté de forcer ma consigne; ils en ont été pour leurs pas et leurs peines; j'ai résisté courageusement à toutes les sollicitations assiégeantes. D'ailleurs, je crois l'avoir dit en débutant, c'est un vilain jour que celui qui se termine; le soleil, lui aussi, clôturé, — j'ignore pourquoi, — dans sa chambre, a jeté par son absence la désolation dans le ciel, où les nuages, sens dessus dessous assemblés, n'ont cessé de le pleurer à froides larmes par toutes les gouttières; — jour vraiment mauvais pour ceux-là qui pataugent! — Holà! moi qui ne suis pas sorti, n'aurais-je fait autre chose?

Puis-je, en voyant mes bottes imprimant leurs contours sur ces feuilles volantes, me réjouir de l'emploi de mon temps? Oserai-je crier : Noël! comme autrefois en découvrant dans la cheminée un soulier rempli de papillotes? où dois-je, — la nuit tombée, — allumer une bougie de reconnaissance, — en guise de cierge, — à saint Crépin dont, — coïncidence miraculeuse, — je viens précisément de constater la fête sur mon calendrier, ce 25 octobre de l'an de grâce 1864?

Ah! n'ai-je point, au contraire, à me reprocher, par-devant le saint Patron de mon glorieux sujet, d'avoir fait, çà et là, quelques cuirs, — d'avoir perdu ou rompu souvent mon fil, — d'avoir enfin manqué de poids et d'haleine pour arriver à la conclusion?

Que cette botte d'amertume s'éloigne de moi! je ne me remettrai pas en tous cas l'esprit à la torture pour recommencer à cloche-pied le tour de ma conscience. Assez d'autres, — mieux ou plus mal disposés, — le feront en mon lieu et place, relevant dextrement ma botte pour savoir qui je suis et quoi je vaux.

Or, — je le jure, — je me prêterai indifféremment à cet examen, me contentant de répéter ces vers du cheval de la Fontaine :

Lisez mon nom, vous le pouvez, monsieur,
Mon cordonnier l'a mis autour de ma semelle.

Et malgré que j'en aie discouru au chapitre deuxième du présent livre, soyez sans crainte, je ne *ruerai* point *à la botte*, comme l'on dit en style cavalier, et prouverai que je suis ferré à glace, quel que soit l'accueil.

Les écarts de colère ne conviennent qu'aux ânes et à leurs pareils. — (Un point !) Moi-même, en ma qualité d'écrivain ordinaire de S. M. le roi de Prusse, j'ai reçu déjà plus d'une fois le coup de pied de l'âne, avec accompagnement de cette espèce d'étincelle qui n'est que de l'esprit de sabot butant ou battant le briquet contre un silex. — Et de suite, reconnaissant à qui j'avais affaire, j'ai compris qu'avec ces critiques baudets il n'était possible de converser qu'à bâtons rompus .. Aussi les ai-je laissés et les laisserai-je toujours braire à pleines mâchoires entre les brancards et le licol de leur lucratif métier d'ânes pédants.

A celui qui jadis niait le mouvement ne fut-il pas répondu par une marche irréfutable ? A celui qui nie que l'on puisse demeurer dans sa chambre tout un jour — de pluie, j'ai de même avancé deux pieds bottés et croisés sous ma table de travail, comme un invincible argument. — Ne m'hypothéquez donc pas d'une plus ambitieuse visée ; je me purge d'avance de toute autre prétention. — N'est-ce rien, pourtant, que d'avoir apporté mon appoint à cette bonne pensée de l'illustre Blaise, « que le plus grand malheur des hommes est de ne pas savoir se tenir tranquilles dans leur chambre, » — et d'en déduire comme complément, avec l'*Imitation*, que le chez soi délicieusement s'adoucit pour qui s'y confine?

Dans le fait, qu'irais-je chercher au dehors du mien? A quoi me servirait de vivre, comme tant d'autres, à la descente ou à la montée perpétuelle de mes escaliers, — lâchant ou remordant du pied cette dernière marche où se dresse, lorsqu'on sort, la fausse Espérance, et où, lorsqu'on rentre, se trouve assise la réelle Déception! marche usée et faisant la moue comme une lèvre, ironiquement dédaigneuse de tous les allers et retours des gens?

Mais...

(*Ici on m'embrasse!*)

XXXII

Ah! c'est toi, chère aimée, qui viens me surprendre, — ma clef pendue à ta ceinture. — tandis que je griffonne fiévreusement mes pattes de mouche dans cette toile d'araignée de la conception, où tout compositeur se débat aux prises avec sa bête; — se frappant le front, se battant le flanc, sans réussir jamais à débrouiller complétement son âme du réseau glutinant des sens!

Tu es entrée à pas de colombe, sans bruit et sur la pointe du pied, comme vient tout vrai bonheur. — Le malheur, lui aussi, arrive soudain; alors il fond comme le vautour, et lorsque c'est lui qui touche, on n'a pas même le temps de se retourner! — Mais toi, de ton pied mignon, tu l'as peut-être effarouché au moment où il allait s'abattre sur ma tête, et en te voyant marcher, si blanche et si calme, il a redouté un écueil là où il n'y avait pourtant que l'écume d'une vague roulant sa perle à la marée montante...

Perle rare, dont je suis la grossière coquille ! et je m'ouvre et je me referme, puisqu'elle est là, — chez elle !

Auparavant, vu l'heure qu'il est, — permettez que je me couche ; que je quitte au moins, vous présent, mes bottes illustrées, et qu'en simples pantoufles, entre-bâillant ma porte, je les dépose comme d'habitude sur le palier.

O vous tous qui passez par ce corridor ! considérez-les et dites s'il en est dans l'univers entier de comparables pour la belle tenue, à un poste de nuit, après toute une journée de combat en champ clos ? — Sentinelles, prenez garde à vous !

Cri des bottes.

« Qui va là ? »

Ma porte s'entr'ouvre encore, et une main fluette, coude hors du peignoir, fait à son tour lestement passer, sur le seuil, deux petites bottines si minces et si parfumées que ce serait à souhaiter mourir pour elles, étranglé dans le nœud de leur lacet rose! Mutines et rieuses, elles sautent pieds joints à côté de mes grandes bottes, terribles comme des bottes de gendarmes, et qui aussitôt inclinent leurs oreilles de tirant comme pour recevoir le mot d'ordre...

Cependant on se demande à la ronde, — en faisant déjà les cornes, — si ces peaux de biche effilées ne seraient, par hasard, que des aventurières?...

« Honni soit qui mal y *chausse!* »

FIN

TABLE DES MATIÈRES

FIN DE LA TABLE

2563 — Paris. — Imp. Poupart-Davyl et Ce, rue du Bac, 30.

OUVRAGES DU MÊME AUTEUR

	fr.	c.
Méditations en chemin de fer, ou DES DESTINÉES DE LA POÉSIE DANS SES RAPPORTS AVEC L'INDUSTRIE. Paris, Bry aîné, éditeur, rue Guénégaud, 17.	1	»
La Fortune des Campagnes, ou L'ÉDUCATION DES ABEILLES. Lyon, J.-F. Roux, et chez tous les libraires .	2	»
Les Vers à soie. In-18. Lyon, J.-F. Roux, et chez tous les libraires.	2	»
Elévations. In-18. Paris, Poulet-Malassis, éditeur. .	2	»
J'aime les Morts. In-8°. Lyon, impression de Louis Perrin. Paris, librairie Achille Faure, 23, boulevard Saint-Martin.	6	»
Histoire du Feu, par une Bûche, avec cette épigraphe : *Je brûle, donc je vis!* 1 vol. in-18. Lyon, Méra, éditeur. . .	3	»
Les Dévotes. In-18. 4e édition, corrigée et augmentée.	2	»
De la Malice des Choses. In-18. Paris, Poulet-Malassis, éditeur.	2	»

EN PRÉPARATION :

LA VÉNUS DES SONGES

2563. — Paris. Imprimerie Poupart-Davyl et Cie, rue du Bac, 30

www.ingramcontent.com/pod-product-compliance
Ingram Content Group UK Ltd.
Pitfield, Milton Keynes, MK11 3LW, UK
UKHW020139200726
13856UKWH00003B/761

9 782013 078054